Judith Allert
Gute-Nacht-Geschichten

Bibliografische Information der Deutschen Nationalbibliothek:
Die Deutsche Nationalbibliothek verzeichnet diese Publikation
in der Deutschen Nationalbibliografie.
Detaillierte bibliografische Daten sind im Internet
über *http://dnb.d-nb.de* abrufbar.

1 2 3 4 5 E D C B A

© 2017 Ravensburger Buchverlag Otto Maier GmbH
Umschlag- und Innenillustrationen: Catharina Westphal

Printed in Germany

ISBN 978-3-473-36597-5

www.ravensburger.de

Judith Allert

1·2·3 Minuten-Geschichten

Gute Nacht und träum schön!

Mit Bildern von
Catharina Westphal

Ravensburger Buchverlag

1·2·3 Minuten-Geschichten

SPANNEND

1 = kurze Geschichte

2 = mittellange Geschichte

3 = lange Geschichte

LUSTIG

VERTRÄUMT

VORWORT

Was gibt es Schöneres für Kinder und Eltern, als an einem
gemütlichen Plätzchen eng aneinandergekuschelt gemeinsam eine Geschichte zu lesen. Wenn sie den Kindern
gefallen hat, wünschen sie sich noch eine und noch eine.
Dieses „Noch eine!" hat mich vor mehr als 25 Jahren auf
die Idee zu den „1,2,3 Minutengeschichten" gebracht. Bei
kurzen Geschichten, die nur wenige Minuten lang sind,
können Eltern den Wunsch ihrer Kinder nach noch einer
Geschichte doch leicht erfüllen.
Ob nun kurze oder längere Geschichten, wichtig ist, den
Kindern vorzulesen. Eine wunderbare Gelegenheit dafür ist
die Zeit vor dem Schlafengehen. Kinder genießen die Nähe
von Mama oder Papa bei einer schönen Gute-Nacht-
Geschichte. Wer sich dafür täglich Zeit nimmt, tut seinem
Kind, aber auch sich selbst sehr viel Gutes. Denn Vorlesen
und Erzählen stärkt die Beziehung zwischen Eltern und
Kindern und vermittelt den Kindern, dass sie wichtig sind.
Gute-Nacht-Geschichten begleiten Kinder auf schönste
Weise ins Land der Träume. Aber Geschichten können noch
viel mehr: Kinder, denen früh und regelmäßig vorgelesen
wird, entwickeln einen größeren Wortschatz und ein
besseres Sprachverständnis; ihre Konzentrationsfähigkeit
und ihre Intelligenz werden gefördert. Beim Zuhören

denken sich Kinder in andere Wesen hinein, fühlen, überlegen und entscheiden mit ihnen ... Geschichten tragen also
dazu bei, dass Kinder die Welt „mit verschiedenen Augen"
sehen – eine Voraussetzung dafür, sich eine differenzierte
Meinung bilden zu können. Und das ist in unserer
globalisierten Welt mit ihren multikulturellen Gesellschaften
wichtiger denn je.
Deshalb freue ich mich, dass nun auch junge Autorinnen
und Autoren für die neugestaltete „1,2,3 Minuten-
geschichten-Reihe" schreiben. Damit die Kinder auch
weiterhin Geschichten hören können – und noch eine und
noch eine ...

Manfred Mai

SPANNEND

Auch Krokodile müssen schlafen

„Ab ins Bett!", sagt Mama.

„Ich bin noch gar nicht müde. Warum muss ich dann schlafen?", meckert Max.

„Kleine Jungs brauchen ihren Schlaf!", erwidert Mama. „Keine Widerrede!"

„Pffff", schnaubt Max beleidigt. Aber ins Bett muss er trotzdem. Er verschränkt die Arme und starrt an die dunkle Zimmerdecke.

„In Australien", überlegt er, „ist es jetzt mitten am Tag – da müsste ich noch lange nicht schlafen gehen!" Kaum hat er das gesagt, entdeckt er einen komischen, leuchtenden Knopf am Bettpfosten. Der war doch eben noch nicht da? Als Max daraufdrückt, wird es hell um ihn herum. So hell, dass er die Augen zukneifen muss. Und als er sie wieder aufmacht, ist er – mitsamt Bett – mitten im Dschungel! Überall zwitschert es um ihn herum. Auf einem Ast sitzt ein weißer Kakadu und zwinkert ihm zu. In einem anderen Baum thront ein Koalabär und kaut schmatzend ein paar Eukalyptusblätter.

„Auweia!", ruft Max, als er zwei leuchtende Augen sieht. Im Sumpf schwimmt ein Krokodil! Es fletscht seine Zähne und faucht los:

„Ab ins Bett!"

„Aber ich bin doch noch gar nicht müde!", erklingt eine
andere, etwas piepsige Stimme.
„Kleine Krokodile brauchen ihren Schlaf. Keine Widerrede!"
Da merkt Max, dass das Krokodil mit seinem Kroko-
dilkind spricht. Schnell drückt er wieder den
Knopf an seinem Bett. „Puh, in Australien ist es
auch nicht anders als zu Hause", stöhnt er.

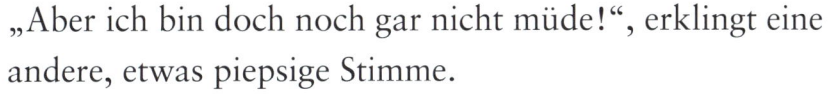

MONSTER AUS DER DOSE

Mitten in der Nacht wacht Christoph auf. Sein Herz rast
wie ein Leopard und sein Mund ist ganz trocken.
„Mama!", ruft er ganz laut. „Mamaaaa! Da ist ein Mons-
ter in meinem Zimmer!"
Die steht sofort neben seinem Bett und drückt ihn an sich.
„Das war doch nur ein Traum. Keine Sorge, mein Großer!"
Sicherheitshalber muss sie aber doch noch mal nachsehen,

ob das Monster unter dem Bett lauert. Nee – das sind nur Staubflusen. Auch im Schrank steckt es nicht.

„Trotzdem – ich mag nicht mehr schlafen. Dann kommt es bestimmt wieder!", sagt Christoph.

Mama setzt sich neben ihn auf die Bettkante. „Das kommt bestimmt nicht wieder. Und weißt du warum?"

Christoph schüttelt den Kopf.

„Weil wir das Traummonster einfangen!"

„Und wie?", fragt Jonas.

Mama greift nach der leeren Pralinendose im Regal. „So!"

„Aber die ist doch viel zu klein! Das Monster war riesig!"

„Traummonster tun nur so groß. In Wirklichkeit sind die nur aus heißer Luft!"

Mama legt einen Karamell-Bonbon in die Schachtel und stellt die Dose auf den Nachttisch. „Monster lieben Kara-mell!"

„Und wenn es in der Dose ist?"

„Dann Deckel zu und morgen bei Tageslicht darf es wieder raus. Dann wird es ein freundliches Monster!"

Gemeinsam warten Mama und Christoph – ganz leise, damit sie das Monster nicht verpassen.

„Hast du das gehört?", fragt Mama auf einmal.

„Es ist drin!"

„Endlich!", seufzt Christoph.

Sofort macht Christoph den Deckel zu – und kann endlich weiterschlafen.

Diesmal träumt er von einem lila Kuschelmonster.

KATZ UND MAUS

Klecks, der kleine, rote Kater mit den weißen Flecken
am Bauch, darf heute zum ersten Mal mit den Großen auf
die Jagd.
„Du musst leise sein!", maunzt Murr, der Getigerte.
„Genau! Ganz, ganz vorsichtig anschleichen!", sagt die
schwarze Katze Trude.
„Immer Augen und Ohren offen halten", rät ihm Sina, die
silberfarbene Siamkatze.

Klecks' Herz schlägt wie wild. Seine Schnurrhaare zittern.
Und dann sieht er die Maus! Ganz gemütlich knabbert sie
an einem Apfel.
„Los!", flüstert Murr in Klecks' Ohr. „Schnapp sie dir!"
Klecks holt tief Luft, duckt sich, macht einen Sprung –

und die Maus saust los. Klecks hinterher! Fast hat er sie am Schwanz erwischt. Aber sie schlägt einen Haken und verschwindet unter einem Busch. Klecks flitzt ihr weiter nach. Schnell und leise wie der der Wind. Er rennt und rennt und rennt. Bis die Maus plötzlich stehen bleibt.

„Ich mag nicht mehr!", piepst sie.

„Aber dann …" Klecks schluckt. „Dann muss ich dich jetzt fressen!" Bei der Vorstellung fühlt er sich ganz komisch.

„Wieso denn eigentlich?", wundert sich die Maus.

„Na, weil … Weil das immer so ist!"

Die Maus legt nachdenklich den Kopf schief. „Aber wäre es nicht viel schöner, wenn wir zusammen spielen?"

Da muss Klecks nicht lange grübeln. „Klar!"

Sie spielen Katz und Maus. Aber diesmal ist die Maus die Katz – und umgekehrt. So geht es stundenlang, bis es um sie herum schon dunkel ist. Ganz eng kuscheln sich die Katze und Maus aneinander. Als die Katzenmama und der Mausepapa die beiden friedlich schlummernd finden, wundern sie sich ganz schön.

Aber nur, weil manche Sachen schon immer so sind, heißt das ja nicht, dass sie sich nicht ändern können!

Ein Besucher in der Nacht

Am ersten Ferientag hat Papa eine Überraschung für uns.
Also für meine Schwester Jule, meinen Bruder Lenny und
mich. Er baut ein Zelt im Garten auf.

„Das ist heute Nacht euer Schlafzimmer. Und wenn es euch
gefällt, auch noch die nächsten Tage. Das muss man ja
nutzen, dieses Bombenwetter!", sagt Papa.

„Super!", rufe ich und räume sofort Kissen und Kuscheltiere ins Zelt. Jule holt ihre Taschenlampe.

„Dadrin ist es doch voll ungemütlich", quengelt Lenny.

„Du musst keine Angst haben!", sage ich.

„Hab ich auch nicht!" Lenny verschränkt die Arme.

„Das wird supercool! Versprochen!", sagt Jule und ist vor
Vorfreude so hibbelig, dass Lenny doch mitmachen will.
Den Nachmittag verbringen wir am Planschbecken,
dann wird gegrillt – und schließlich ist es endlich, endlich
düster-dämmrig und wir huschen ins Zelt.

„Ihr seid doch noch nie freiwillig ins Bett", lacht Mama
und gibt uns noch was zu knabbern mit. Denn heute
müssen wir nicht mal Zähne putzen! Nebeneinander liegen
wir im Zelt. Die Luke haben wir etwas offen gelassen, so
können wir raus in den Garten schauen.

„Die Bäume sehen aus wie Monster", sage ich.

„Aber nette Monster!", sagt Lenny. „Stimmt's?"

„Klaro, supernett", grinst Jule und wuschelt unserem kleinen Bruder über den Kopf.

„Guck mal, die Sterne", sage ich.

„Schööööööön!", sagt Lenny. „Wie Glitzersmarties!"

„Und horch mal, wer da ruft. Bestimmt ein Uhu", meint Jule. Tatsächlich erklingt irgendwo in der Ferne ein Schuhuuu.

„Aber der Uhu ist auch nett, stimmt's?", fragt Lenny und Jule und ich sagen im Duett: „Jaaaaa!"

Auf einmal knistert etwas im Gebüsch.

Ich halte die Luft an und lausche.

„Und jetzt kratzt etwas am Zelt!", sage ich und klinge auf einmal ganz heiser.

Lenny setzt sich auf. „Was ist das denn? Doch wohl nichts Gefährliches?"

„Quatsch, wir sind doch nicht im Dschungel!", sagt Jule und ich knipse schnell die Taschenlampe an.

„Miau", erklingt es da.

„Das ist Molly!", sage ich und versuche mir nicht anmerken zu lassen, wie erleichtert ich bin. Unsere schwarze Katze streicht maunzend um uns herum.

„Bestimmt hat die auch noch nie im Zelt geschlafen", meint
Lenny. Er lupft seinen Schlafsack – und Molly huscht sofort
darunter. Schnurrend kuschelt sie sich an Lennys Seite.
„Keine Angst, wir passen auf dich auf", sagt er.
Dann schauen wir noch eine Weile die Sterne an. Ich ver-
suche sie zu zählen – und merke nur noch, wie mir die
Augen zufallen.
„Hoffentlich ist die ganzen Ferien Im-Zelt-schlaf-Wetter",
murmelt Lenny.

COCOS KÜKEN

„Erzählst du mir noch eine Geschichte?", fragt Bruno
seinen Papa.
„Die von Coco und ihren Küken?", schlägt Papa vor und
legt auch schon los:
Coco, die Henne, sitzt in ihrem Nest. Während die anderen
Hühner draußen gackern und picken, macht sie keinen
Mucks. Von früh bis spät thront sie im Stroh, wie eine
stolze Königin. Natürlich hat das einen Grund. Einen sehr
guten sogar! Unter ihrem federweichen Po im Stroh liegen
acht Eier. Coco brütet einen Tag. Und noch einen. Schließlich ist es eine Woche. Dann sind es zwei und endlich,
nach drei Wochen, tut sich was im Nest! Coco gackert
erleichtert: „Mir ist schon vor zwei Wochen der Hintern
eingeschlafen. Ich muss mir dringend mal wieder die
Krallen vertreten."

Ein leises Klopfen, ein Knacken. Ein Piepsen! Und dann guckt das erste Küken aus seinem Ei heraus! Es ist schwarz, mit einem weißen Fleck auf dem Kopf. Kurz darauf das Gleiche wieder: Ein Klopfen, ein Knacken – und ein Piepsen. Das zweite Küken ist gelb. Noch sitzen die beiden unter Cocos Po. So lange, bis ihr Flaum trocken ist. Während die beiden warten, geht es um sie herum weiter. Ein Küken nach dem anderen kämpft sich aus seinem Ei hervor. Manche sind grauschwarz und der Rest schwarzgrau. Bald schon erklingt ein ganzes Piepskonzert unter Cocos Bauch. Es dauert gar nicht lange, bis sich die Winzlinge unter ihm hervortrauen.

„Aufgepasst", sagt Mama Coco. „Ihr bleibt in meiner Nähe. Und wenn ich euch rufe, dann huscht ihr sofort unter meinen Bauch. Denn ihr müsst wissen, die Welt ist groß und ihr seid winzig klein!"

Und dann geht es auch schon raus aus dem Stall.

Die Küken piepsen aufgeregt und wuseln um Mama Coco herum. Wie grün das Gras ist. Wie der Sand unter den Füßen kitzelt. Die anderen Hühner gackern etwas misstrauisch.

„Lasst bloß meine Kleinen in Ruhe!", ruft Coco und plustert sich auf. Wild und gefährlich sieht sie aus und die Gackerdamen machen lieber einen großen Bogen. Coco führt ihre Kleinen über die Wiese. Sie zeigt ihnen die Pferde und die Schweine.

„Was für eine wilde Welt!", piepsen die Küken.

Und die wilde Welt macht müde. Coco ruft ihre Kleinen zu sich. Sofort kuscheln sie sich unter ihren Bauch. Nur ab und zu schaut eins neugierig unter Cocos Flügel hervor.

„Das war's schon?", mault Bruno, als Papa mit der Geschichte fertig ist. „Da ist ja überhaupt nichts Spannendes passiert!"

„Wie bitte? Nichts Spannendes?", protestiert Papa. „Das sehen die Küken aber anders!"

Da muss Bruno grinsen. „Stimmt schon. Für den ersten Tag im Leben war da ganz schön was los." Dann kuschelt auch er sich in sein Nest – nein, in seine Bettdecke natürlich.

Eine streng geheime Höhle

Lukas übernachtet heute bei seinem Freund Paul. Zum
allerersten Mal!
„Eine richtige Pyjamaparty!", jubelt Paul.
Wie es sich dafür gehört, gibt es Popcorn. Die Maiskörner
ploppen in der Pfanne. Dann noch ordentlich Zucker
drüber – und mit der riesigen Schüssel geht es ab auf das
Sofa. Mampfend schauen die Freunde einen Film. Der ist
so lustig, dass Lukas vor Lachen sein Popcorn ausschüttet.

Zum Glück ist Pauls Hund Bobby ein richtig toller Staub-
sauger! Dann spielen sie noch eine Runde Karten. Die Jungs
gewinnen immer – und Pauls Mama verliert.

„Jetzt wird aber geschlafen!", sagt sie.

„Nur weil du nicht noch mal Letzte werden willst!", grinst
Paul und sammelt die Karten ein.

Er kriecht in sein Bett und Lukas bekommt eine Matratze
auf dem Boden.

„Das war toll! Das machen wir jetzt öfter, oder?", fragt
Paul und gähnt.

„Hm", erwidert Lukas nur.

Er traut sich nicht zu sagen, dass er seinen Lieblingskuschel-
hasen vermisst. Das hält Paul doch bestimmt für Babykram!
Außerdem riecht seine Decke ganz anders als die in seinem
Bett. Und zu Hause macht ihm Mama immer ein buntes
Schlaflicht an. Hier aber ist es stockdunkel. Lukas wälzt
sich von einer Seite auf die andere.

„Kannst du nicht schlafen?", fragt Paul und knipst seine
Nachttischlampe an. „Du, wenn du nach Hause willst …
Ich bin gar nicht sauer, wirklich!" Er stützt den Kopf in
seine Hand. „Als ich das erste Mal bei meiner Tante
geschlafen hab, hatte ich fürchterliches Heimweh!" Paul
grinst – und springt aus dem Bett: „Aber dann hatte
meine Tante eine klasse Idee!" Lukas setzt sich auf. „Was
denn für eine?"

„Eine streng geheime Heimwehschutzhöhle!", flüstert Paul.
Er schiebt den Schreibtischstuhl an Lukas' Matratze und

den Kleiderständer auf die andere Seite. Dann legt er eine Decke drüber. Mit der Taschenlampe machen es sich die Jungs unter dem Zeltdach gemütlich.

„Das Heimweh zwickt schon gar nicht mehr", stellt Lukas erleichtert fest.

„Klar! Weil es sich hier nicht reintraut!", erwidert Paul. Dann stellen sich die beiden vor, dass ihr Zelt ein Baumhaus ist – mitten im Dschungel. Oder ein Iglu im Eis. Tuschelnd erzählen sie von ihren Abenteuern – bis sie, Seite an Seite, eingeschlafen sind.

29

KLEINES GLÜHWÜRMCHEN GANZ GROSS

Pauli ist viel, viel kleiner als die anderen Glühwürmchen.
„Du Leuchtknirps!", nennen sie ihn. „Du winziger Mini-Blinki!" Und dann lachen sie sich kaputt. Nicht alle natürlich. Aber die besonders Frechen.

„Pfff", schnaubt Pauli, „ihr seid solche doofen Flimmerheinis!"

Er fliegt etwas langsamer, bis die lachende Bande an ihm vorbei ist. In dem Moment zieht Wind auf – und eine Böe trägt Pauli höher und höher. Er flattert wie wild mit den Flügeln, aber der Wind ist viel stärker als er. Erst hat er Angst, aber dann merkt er, wie lustig es ist, vom Wind getragen zu werden. Gemütlich segelt er durch die Nacht wie ein ganz besonderer Stern.

Und als der Wind schwächer wird, sinkt Pauli langsam weiter nach unten.

„Hoppla, wo bin ich denn jetzt gelandet?" So weit war er noch nie von zu Hause weg!

„Hallo? Ist da wer?", erklingt im gleichen Moment eine Stimme. Pauli geht näher ran. In seinem Lichtschein entdeckt er ein seltsames Wesen. Es hat riesige Flügel und ist kunterbunt gemustert. „Wer bist denn du?", staunt Pauli.

„Ich bin Sina Schmetterling! Und du?"

Da stellt sich auch Pauli vor.

„Ein Glühwürmchen? Noch nie gesehen!", sagt Sina.

„Und ich kenn keinen Schmetterling", meint Pauli.

Aber kein Wunder, schließlich schläft Pauli am Tag und Sina in der Nacht.

„Ich hab mich verflogen", jammert Sina nun. „Im Dunkeln kenne ich mich gar nicht aus!"

Pauli flattert mit den Flügeln. „Mir nach, ich bringe dich zurück nach Hause!"

Bis die Sonne wieder aufgeht, haben die beiden Freunde die Hälfte des Weges geschafft. Und weil Pauli sich im Hellen

nicht auskennt, übernimmt jetzt Sina die Führung. So schaffen sie es gemeinsam zurück nach Hause.

„Du hast mich gerettet", jubelt Sina.

„Und du mich!", grinst Pauli.

Ab jetzt wollen sie sich jeden Morgen treffen. Kurz vor Sonnenaufgang – Pauli bleibt etwas länger wach und Sina muss ein bisschen früher aus dem Bett.

Als Pauli zurück nach Hause kommt, wird er von der Glühwürmchen-Meute aufgeregt empfangen. „Wir haben uns solche Sorgen gemacht!"

Da erzählt Pauli von seinem heldenhaften Abenteuer – und ab jetzt macht sich keiner mehr über ihn lustig.

WEIHNACHTSPLÄTZCHEN IM APRIL

Wir sitzen alle auf dem Sofa – Mama, Papa, mein Bruder
Simon, meine Schwester Emma und ich – und gucken einen
Film. Einen total spannenden! In der Küche im Ofen
brutzelt ein riesiges Blech Pizza vor sich hin. Der Film ist
total lustig und weil die Pizza so gut riecht, grummelt mein
Magen schon ganz vorfreudig. Und dann, gerade als dieser
Kerl im Film Anlauf nimmt und mit Karacho über die
Mauer klettern will … ist es auf einmal dunkel. Also nicht
im Film, sondern in echt. Bei uns im Wohnzimmer!
„Stromausfall!", stöhnt Mama.
„Och nee, so ein Mist!", schimpft Simon.

Emma hustet. Sie hat sich vor Schreck verschluckt.

„Wauuuuu!", jault unser Hund Johnny und wir hören, wie irgendetwas runterfällt.

„Johnny! Aus!", schimpft Papa – aber natürlich sieht keiner, was unser Hund angestellt hat.

„Wo ist denn die Taschenlampe?", frage ich.

„Batterien leer", sagt Emma und obwohl es dunkel ist, weiß ich genau, wie muffig Papa jetzt guckt: „Und wieso hat keiner neue gekauft?", fragt er genervt.

„Dann hol ich eben eine Kerze", sagt Mama.

Das Sofa knarzt, Schritte tappen, die alte Kommoden-Schublade quietscht.

„Autsch!", ruft Mama. „Blöder Reißnagel!" Aber dann findet sie zum Glück doch Kerze und Streichhölzer.

Ratsch macht es und schon flackert die Flamme. Mama stellt die Kerze auf den Tisch.

„Wie lange dauert das jetzt, bis der Strom wieder an ist?"

Emmas Gesicht sieht ganz orange aus im Kerzenschein. Orange und genervt.

„Keine Ahnung. Müssen wir abwarten", sagt Papa.

„Ich will wissen, wie der Film weitergeht", mault Simon.

„Und ich hab Hunger!", sage ich.

„Halbgare Pizza schmeckt aber nicht", sagt Emma.

Da geht Mama noch mal zur Schublade und macht eine zweite Kerze an. Mit der tippelt sie vorsichtig Richtung Küche. Kurz darauf kommt sie mit einer Dose zurück.

„Wenigstens was zu knabbern", sagt sie.

„Sind das Weihnachtsplätzchen?", rufe ich verdutzt.

„Kurz nach Ostern sind die erst richtig gut", sagt Papa und öffnet die Dose. Schon knuspert er los.

„Lecker!" Weil mein Magen knurrt wie ein wilder Tiger, knabbere ich auch einen. „Stümmd, eschd lecka", sage ich mit vollem Mund.

Plötzlich mampfen auch die anderen mit.

„Hab ich eigentlich schon erzählt, wie ich mal jemanden vor dem Ertrinken gerettet habe?"

„Ungefähr hundert Mal", lacht Mama.

Aber weil Emma, Simon und ich die Geschichte noch nicht kennen, legt Papa los. Wie er mitsamt seinen Klamotten in den See gehüpft ist. Obwohl der Mann, der dort um Hilfe schrie, viel größer war als Papa. Ungefähr so hoch und breit wie unser Wohnzimmerschrank. Und trotzdem hat Papa ihn sich einfach über die Schulter geworfen.

„Echt?" Mir klappt der Mund auf.

„Wahnsinn!", staunt auch Simon.

„Das hätte ich nicht von dir gedacht!", sagt Emma.

Mama gibt Papa einen Knuff. „Übertreib doch nicht immer so!"

„Doch es war so. Haargenau so. Schließlich ist wie aus dem Nichts vor uns ein Hai aufgetaucht. Aber ich hab ihn nur einmal böse angeguckt und schon ist er wieder abgezischt. Und dann, gerade als wir fast beim Ufer angekommen waren …"

In dem Moment – puff – ist das Licht wieder an. Der Fernseher dudelt weiter.

„Kaufen Sie unbedingt das neue Superwaschmittel von Supersauber. Nie strahlt ihre Wäsche toller!", sagte eine Frau mit rotem Lippenstift.

„Und wie geht die Geschichte weiter, Papa?", frage ich.

„Genau, erzähl!", drängelt Simon und knipst den Fernseher aus.

„Hoffentlich haben wir bald mal wieder Stromausfall", sagt Emma und rutscht schon ganz gespannt mit ihrem Po auf dem Sofa hin und her.

EIN MAMMUT IM GEMÜSEBEET

„Wuaaaaah! Bin ich müde!", gähnt Henry und will in sein Bett schlüpfen. Aber komisch. Dadrunter liegt doch was? Vorsichtig lüpft er die Decke und – stolpert vor Schreck einen Schritt rückwärts.

„Gibt's doch nicht!", murmelt er verdattert. Unter der Decke liegt ein Tier! Und was für eins! Es ist so groß wie ein Schoßhündchen, hat braunes, zotteliges Fell und vorne am Maul zwei lange Stoßzähne.

„Ein Mini-Mammut!" Henry ist völlig verdutzt. „Aber Mammuts sind schon seit der Eiszeit ausgestorben! Und überhaupt – die waren doch riesig!"

Da schüttelt sich das Mini-Mammut und springt mit einem
Satz aus dem Bett.

„Wo kommst du denn her?", fragt Henry.

Das Mini-Mammut prustet durch seinen Rüssel. Es klingt
wie eine Trompete. Dann stellt es sich auf die Hinterbeine,
rast im Galopp durch Henrys Zimmer – und kracht gegen
die Kommode. Die gerät ins Wackeln, Henry stürzt darauf
zu und fängt seinen Fußball-Pokal gerade noch im Flug.

„Sag mal, bist du gewachsen?", staunt Henry.

Auf einmal ist das Mini-Mammut gar nicht mehr so mini.
Es geht ihm schon fast bis zum Knie! Diesmal wirft es
alle viere in die Luft und trabt aus dem Zimmer –
Henry hinterher. Das Mammut poltert durch den Flur,
bis die Wände wackeln. Jetzt ist es schon fast so hoch
wie ein Tisch.

„Stopp! Bleib stehen!", ruft Henry. Aber das Mammut denkt gar nicht daran.

„Auweia", murmelt Henry.

Was, wenn das Mammut noch größer wird? Am Ende macht es Kleinholz aus der Wohnung! Er muss es schleunigst einfangen und dorthin zurückbringen, wo es hergekommen ist!

Es scheppert. Das Mammut ist in der Küche! Doch ehe Henry es an seinem Zottelfell packen kann, ist es auch schon im Wohnzimmer gelandet. Als es mit einem Satz über das Sofa springt, ist es so hoch wie ein Pony! Henry schnauft und keucht. „Ein Mammut … Vielleicht ist es mit einer Zeitmaschine hier gelandet?", überlegt er.

Er hat genau so ein Urzeittier schon mal gesehen. Im Museum vielleicht? Nein, irgendwo anders! In dem Moment jagt das Mammut schon durch die Terrassentür nach draußen.

„Nein! Mamas Blumen!", ruft Henry. Und plötzlich fällt ihm ein, woher er das Mammut kennt. Während das Riesenzottelwesen im Gemüsebeet tobt, rennt Henry in sein Zimmer. Tatsächlich! Das Eiszeitposter über seinem Bett. Da, wo vorhin noch ein schlummerndes Mammutbaby lag, ist jetzt nur noch ein leerer Fleck! Anscheinend hatte es ausgeschlafen und Lust auf ein großes Abenteuer bekommen. „Vielleicht geht es ja freiwillig nach Hause zurück, wenn es müde geworden ist!", hofft Henry.

Und bis dahin spielt er mit dem Mammut im Garten.

Gemeinsam purzeln sie über den Rasen und jagen dem
Fußball hinterher. Sogar Stöckchen bringt das Mammut.
Und irgendwann gähnt das Eiszeitwesen mit seinem
riesigen Maul – denn inzwischen ist es groß wie eine Kuh!
Es knickt mit den Vorderbeinen ein, auch sein Po sackt
auf den Rasen und es beginnt zu schnarchen. Und dann –
mit einem Plopp – ist es verschwunden. Das heißt, nicht
ganz. Auf dem Eiszeitposter schlummert das Mammut
wieder brav auf seinem Platz. Henry seufzt erleichtert.
Aber nur solange, bis sein Blick auf sein Kopfkissen fällt.
Vorhin war da noch ein Dinosaurier drauf – aber jetzt
ist es einfach nur noch weiß!
„Auweia", murmelt Henry und hört auch schon ein
Rumpeln im Flur …

Die Nachtwanderung

Heute darf Tims Freundin Klara bei ihm übernachten.
„Wir können aufbleiben, solange wir wollen!", sagt Tim.
„Und später gibt es sogar noch eine Überraschung, hat
Jakob gesagt."
Jakob ist Tims großer Bruder und der grinst jetzt und nickt.
„Eine supercoole Überraschung!", sagt er.
Tim und Klara sind so gespannt, dass sie an nichts anderes
mehr denken können. Vielleicht hat Jakob sich ein neues
Spiel ausgedacht. Oder hat er ihnen einen Film ausgeliehen?
Aber erst nach dem Essen lüftet Jakob das Geheimnis:
„Wir machen eine Nachtwanderung. Im Dunkeln – nur mit
Taschenlampe."
„Supercool", findet Klara und Tim zieht sofort Jacke und
Schuhe an.
Die drei gehen hinaus in die Nacht.
„Um zehn seid ihr zurück!", sagt Papa.
Oben am Himmel leuchten die Sterne. Unten werfen die
Straßenlaternen ihr orangenes Licht auf die Straße. Alles
ist ganz still. Also nicht ganz. Es gibt sogar sehr viel zu
hören – aber ganz andere Sachen als am Tag. Irgendwo in
der Ferne ruft ein Vogel durch die Nacht. Und bei Meiers
nebenan quaken die Frösche im Teich. Und auch dem Blät-
terrauschen kann man lauschen. „Wie Musik", findet Klara.

Jakob knipst die Taschenlampe an und leuchtet ihnen den Weg im Dunkeln.

Sie gehen die Straßen entlang. Tim kennt die eigentlich in- und auswendig. Mindestens tausend Mal ist er auf denen schon gelaufen. Aber in der Nacht fühlt er sich wie in einer anderen Welt.

„Was ist das denn für ein komisches Haus?", fragt Klara. „Das sieht irgendwie gruselig aus."

Es hat zwei Erker und ein schiefes Dach. Der Garten ist völlig zugewuchert und das riesige Tor rostig und wackelig.

„Ach, hier wohnt Frau Berger", winkt Jakob ab. „Die geht nie aus dem Haus und Besuch bekommt sie auch nicht. Die Leute sagen, sie ist ein bisschen verrückt."

In dem Moment erklingt ein Geräusch. Ein leises Jammern.

„Jemand braucht Hilfe. Bestimmt!" Schon fängt Klara an, an dem alten Metallzaun hinaufzuklettern. Er wackelt und klappert.

„Dass das mal keinen Ärger gibt!" Jakob wirft einen Blick zum Haus. Alles ist dunkel.

„Im Abflussschacht", ruft Klara von oben herunter. „Da ist ein kleines Tier drin!"

In dem Moment geht in dem Haus das Licht an. Knarzend öffnet sich die Tür.

„Auweia", murmelt Tim.

„In Deckung!", zischt Jakob. Die Jungs huschen hinter einen Busch.

„Hallo? Ist da wer?", ruft die Frau, die im Eingang steht.

Klara holt tief Luft: „Ich brauche Hilfe! Hier im Schacht ist ein kleiner Igel – der kommt alleine nicht mehr raus!"
Sofort holt die alte Dame eine Schaufel und Handschuhe und sie und Klara befreien das kleine Stacheltier. Statt sich zu einer Kugel zusammenzurollen, guckt es Klara und die Dame neugierig an. Auch Tim und Jakob trauen sich aus ihrem Versteck.
Von Nahem ist das Haus gar nicht mehr gruselig. Und auch die Frau sieht richtig nett aus.
„Ich gebe dem Winzling gleich eine Portion Katzenfutter", sagt Frau Berger. „Kommt doch morgen mal vorbei. Dann lassen wir den Igel wieder frei!" Tim, Klara und Jakob sind sofort einverstanden.
„Die ist ja nett", findet Klara.
„Von wegen verrückt", murmelt Tim.
„Die Leute haben doch echt keine Ahnung", sagt Jakob.

MONDSCHEIN-KUCHEN

Mitten in der Nacht wacht Florian auf. Sein Vorhang flattert sachte, Grillenzirpen klingt durch das gekippte Fenster. Aber da ist noch ein Geräusch. Nicht draußen, sondern drinnen. Hier im Haus. Schleicht da jemand herum? Ein Einbrecher etwa?

„Quatsch!", murmelt Florian. Dann hätte doch Lila etwas gehört. Aber seine Hündin schnarcht tief und fest neben seinem Bett. Florian schlüpft unter der Decke hervor, steht auf und öffnet den Vorhang. Der Mond hängt so kugelrund und leuchtend am Himmel, dass es in seinem Zimmer jetzt fast taghell ist. Noch einmal lauscht er. Ein Scharren. Etwas knistert. Er öffnet die Tür. Lila blinzelt müde, schläft dann aber mit einem Grunzen weiter.

„Du bist mir ein Wachhund!", murmelt Florian und huscht aus dem Zimmer. Sein Herz klopft jetzt doch etwas schneller als sonst. Da sieht er das Licht, das durch die offene Küchentür in den Flur fällt. Und ein Einbrecher knipst ja wohl kein Licht an!

Vorsichtig lugt er durch den Türspalt.

Da sitzt jemand am Küchentisch – und mampft genüsslich Schokoladenkuchen!

„Papa!", rutscht es Florian heraus.

„Was? Wer? Ich?"

Papa springt auf und breitet schnell ein Geschirrtuch über das Kuchenstück.

„Zu spät. Ich hab's gesehen!" Grinsend kommt Florian in die Küche.

Auch Papa grinst. „Ich hab geträumt, ich war im Schlaraffenland – da war alles voller Schokolade. Sogar aus den Wasserhähnen kam Kakao. Und dann bin ich mit so einem Kohldampf aufgewacht und konnte einfach nicht mehr wieder einschlafen."

„Aber der Kuchen ist doch für das Kaffeekränzchen heute Nachmittag. Mit Mamas Freundinnen!"

Papa beißt sich verlegen auf die Lippe. „Auweia. Mama ist bestimmt sauer."

In dem Moment quietscht die Tür. Papa und Florian zucken zusammen. Aber es ist nicht Mama. Es ist Mona, Florians kleine Schwester. „Kannnich schlaf'n", murmelt sie müde. Doch als sie den Kuchen sieht, werden ihre Augen sofort tomatengroß. „Schoki? Um die Zeit?"

Papa seufzt. „Na gut. Jeder kriegt ein Stückchen. Aber nur ein klitzekleines!"

Nachdem alle einen Happen Kuchen auf ihrem Teller haben, erklingt ein Tapsen.

„Lila! Klar, wenn's um Kuchen geht, bist du wach!"

Lachend krault Florian seiner Hündin die Ohren. Dann kriegt auch sie Kuchen. Hundekuchen allerdings!

Und dann, als die vier zufrieden mampfen, quietscht schon wieder die Tür.

„Was ist denn hier los?" Mama hat eine tiefe Falte auf der Stirn. Ihre Schimpfe-Falte.

„Äh, nun …", druckst Florian beschämt herum.

„Also, Schatz, ich kann das total vernünftig erklären …", beginnt Papa und beißt sich auf die Lippen – weil er es eben doch nicht kann.

„Boff", bellt Lila und guckt auch ganz schuldbewusst.

„Nachts schmeckt Schoki am besten!", kichert da Mona und nimmt sich gleich noch ein Stück.

„Aber mein Kaffeekränzchen!" Mama stemmt die Arme in die Seite.

Papa wirft ihr einen Luftkuss zu. „Wir backen einen neuen Kuchen. Alle zusammen!"

„Na, das kann was werden!", erwidert Mama. Jetzt muss sie aber grinsen. Papa zieht sie zu sich auf den Schoß und dann kriegt auch sie ein Kuchenstück.

„Mmmmmhhh, ich glaube, im Mondschein schmeckt der am besten!", schwärmt sie schmatzend und guckt dabei zum Fenster raus, in den kugelrunden Leuchtemond.

Dann ist es höchste Zeit, wieder ins Bett zu gehen. Aber in so einer besonderen Nacht wird auch ganz besonders geschlafen. Und so kriechen alle zusammen in Mamas und Papas Doppelbett. Sogar Lila darf sich ausnahmsweise ans Fußende kuscheln.

LUSTIG

MONSTER STINKEN! ODER?

Monster stinken. Monster rülpsen. Monster pupsen.
Monster sind immer dreckig! Monster machen alles kaputt,
sind ungeheuer laut und monsterhaft wild!
Am allerliebsten essen Monster Glibberschleim mit
Stinkebrei. Ihr Lieblingsgetränk ist schmuddeliges Pfützen-
wasser.
Jedenfalls denken das die meisten Leute! Ein bisschen
stimmt das auch – zumindest von neun Uhr früh bis fünf Uhr
abends. Danach allerdings sieht die Sache schon anders
aus. Da haben Monster Feierabend. Erstmal wird geduscht
und Parfum aufgelegt – mit rosarotem Rosenduft! Die
Monsterdamen lackieren sich die Krallen, die Monster-
herren legen karierte Krawatten an. Und die Monsterjungs
tragen alle geschniegelte Seitenscheitel. Monstermädchen
waschen sich ausgiebig den Hals und schrubben sich hinter
den Ohren. Mit Begeisterung! Hinterher lösen sie noch eine
Weile Kreuzworträtsel, stricken Socken und sortieren ihre
Briefmarkensammlung. Zum Abendessen gibt es Brokkoli
mit Sauerkraut und als Gutenachtgeschichte lesen sie sich
gegenseitig das Telefonbuch vor. Und dann, wenn die Sonne
untergeht, ist endlich die absolute Monster-Lieblingsbe-
schäftigung an der Reihe. Schlafen! Tief und fest, bis zum
nächsten Morgen.

Kurzum, Monster sind fürchterlich langweilig!
Jedenfalls von fünf Uhr abends bis neun Uhr früh. Danach
sieht die Sache wieder anders aus.

AUSGERECHNET STINKEKÄSE!

Franzi liegt in ihrem Bett. Müde blinzelt sie zum Fenster hinaus, in den funkelnden Sternenhimmel. Ein Stern leuchtet ganz besonders hell. Plötzlich wird er größer. Sie hört ein Brummen und ein Piepen. Und dann – landet eine silberblitzende Kugel auf ihrem Fensterbrett. Fast so groß wie eine Melone.

„Das ist kein Stern. Das ist ein Raumschiff!", staunt Franzi. Schon geht die Klappe auf und ein winziger Außerirdischer steigt aus. Er ist so lila und so groß wie eine Pflaume, hat Segelohren und grüne Sommersprossen.

„Ich brauche Treibstoff. Muss schnell zurück auf den Planeten Pumpernickel!"

„Pumpernickel?", wundert sich Franzi. Aber natürlich will sie dem Knirps helfen.

„Was für Treibstoff brauchst du denn?"

Der Außerirdische hüpft vom Fenstersims zu ihr ins Zimmer. „Ich kann ihn schon riechen!" Schnuppernd reckt er die Nase in die Luft. So spaziert er geradewegs in die Küche. Er öffnet den Kühlschrank und streckt den Finger aus. „Da!"

„Ehrlich?" Franzi zieht die Dose heraus und öffnet sie.

Ein fürchterlicher Geruch breitet sich aus. „Das ist Mamas Lieblingskäse – der riecht wie alte Socken!" Der winzige Außerirdische schnappt sich den Käse. „Hab Dank, kleiner Erdling!"

Mit den Worten tappt er zurück zu seinem Raumschiff. Er öffnet die Tankklappe und bröselt den komischen Treibstoff hinein. Dann startet er mit Brummen und Piepen sein rundes Weltraumgefährt.

„Ausgerechnet Stinkekäse!", sagt Franzi und schaut ihm kopfschüttelnd hinterher.

Irma kann nicht schlafen

Irma kann nicht schlafen.

„Du musst Schafe zählen!", sagt Papa. „Mach die Augen zu und stell dir vor, wie sie der Reihe nach über einen Baumstamm springen!"

Aber schon nach ein paar Sekunden reißt Irma die Augen wieder auf.

„Die hüpfen viel zu wild durcheinander. Und das eine war total frech. Es hat mir ein Stück Möhre aus der Tasche geklaut!"

„Dann … dann zähl eben Kühe", seufzt Papa. „Die sind viel ruhiger und braver als Schafe!"

Irma macht die Augen zu und … reißt sie wieder auf:

„Können Kühe überhaupt über einen Baumstamm springen? Die sind doch so groß und schwer!"

Papa gähnt: „Stell dir doch schlafende Kühe vor. Die lassen sich am besten zählen."

Irma schließt die Augen, fängt leise an zu zählen – bis sie empört aufschreit: „Die eine Kuh mag sich einfach nicht hinlegen. Und sie hat einen riesigen Haufen gemacht. Igitt!"

Papa zwinkert müde und gähnt noch mal. „Dann zähl Fische! Fische machen nur ganz leise blubb."

„Fische? Die sind … Papa? He!"

Irma rüttelt Papa sanft an der Schulter.

Doch der schläft tief und fest!

Ganz eng kuschelt sich Irma an Papas Seite. Sekunden später ist auch sie eingeschlafen. In ihrem Traum hüpfen Schafe und Kühe wild durcheinander. Und über ihnen im Himmel fliegt ein kunterbunter Fisch.

Ein Bett für drei

Ich bin Hanna und ich habe drei Geschwister. Die heißen
Lilly, Nils und Ben.
Abends, wenn Bettzeit ist, darf ich am längsten aufbleiben.
Ich bin ja die Älteste. Nils, der Kleinste, muss als Erstes ins
Bett. Danach Ben und schließlich – ganz kurz vor mir, Lilly.
Denn die ist nur ein Jahr jünger als ich. So können sich
Mama und Papa für jeden von uns extra viel Zeit nehmen.
Nils zum Beispiel braucht unbedingt ein Schlaflied. Meistens singt Mama. Denn bei Papa klingt alles etwas schief
und quietschig. Und Ben, der nimmt jeden Abend einen
ganzen Stapel Kuscheltiere ins Bett. Mama und Papa
müssen dann jedem einzelnen Gute Nacht sagen – und das
dauert! Lilly lässt sich von Mama und Papa an den Füßen
kitzeln. Manchmal quietscht sie so laut, dass Nils nebenan
an die Wand klopft. Bei mir setzen sich Mama und Papa
auf die Bettkante und besprechen mit mir noch mal,
wie unser Tag war. Was schön war und was gut
war. Was Spaß gemacht hat und
was nicht.
Und ganz am Ende – das ist
bei allen gleich – gibt es eine
Geschichte.

Heute Abend, als Mama mir die Decke glatt streicht und
Papa gerade das Licht ausknipsen will, fällt mir etwas ein:
„Wer bringt denn eigentlich euch ins Bett? Einer ist doch am
Ende immer übrig!"
Mama lacht. „Dann lies du uns doch einfach eine
Geschichte vor, Hanna!"
Das mache ich natürlich gern. Das Blöde ist nur, dass
Mama und Papa dabei beide einschlafen – in meinem Bett!
Ich habe überhaupt keinen Platz und schicke Mama und
Papa rüber in ihr Schlafzimmer.
„Morgen bringt ihr euch einfach gegenseitig ins Bett!"

Eine Schildkröte im Kühlschrank

Heute darf ich bei Oma übernachten. Da hab ich ganz viel Zeit für Muckl. Muckl ist Omas Schildkröte. Ihr Panzer ist aus hartem Horn und rau und hubbelig. Wenn ich ganz vorsichtig bin, lässt sich Muckl sogar an der Nase kraulen. Die ist noch viel rauer, fast schon wie Schmirgelpapier!
Ich füttere ihn mit Apfelstücken und Bananen. Auch Tomaten und Salat findet er total lecker. Nach dem Essen macht Muckl ein Nickerchen. Er zieht seinen Kopf in seinen Panzer ein. Und dann auch noch die Beine. Plopp. Plopp. Plopp. Und plopp!
„Schlafmütze!", flüstere ich.
„Und was für eine", lacht Oma. „Im Winter schläft er sogar monatelang!" Denn da, erzählt Oma, buddelt sich Muckl in eine Kiste ein. Bis oben hin voll mit weichem Stroh. Und dann … steckt Oma die Kiste in den Kühlschrank. Einen extra Muckl-Kühlschrank! So macht er seinen Winterschlaf.
„Wenn es immer gleichmäßig kalt um ihn herum ist, schläft er am besten", sagt Oma.
Und so verschläft Muckl den ersten Schnee. Er verschläft den Advent. Er verschläft Weihnachten – und auch Silvester. Erst im Frühjahr wacht Muckl wieder auf.
„Was du da alles verpasst, du Armer!", sage ich zu ihm.

Muckl schiebt seinen Kopf aus dem Panzer und blinzelt mich müde an.

„Meinst du?", fragt Oma und grinst: „Dafür hat er doch ganz viel Zeit zum Träumen!"

GROSSES FEST BEIM SIEBENSCHLÄFER

„Ihr seid alle eingeladen – großes Herbstfest, bei mir vor dem Bau!", ruft der Siebenschläfer.

„Wann denn?", fragt das Eichhörnchen.

„Morgen. Und übermorgen. Überübermorgen auch. Und dann bis Sonntag!"

„Eine ganze Woche feiern?", piepst die Maus verdutzt.

„Ich habe meine Gründe", sagt der Siebenschläfer geheimnisvoll. Und dann geht es auch schon los.

Es wird geknurpst und geschmatzt. Tagelang:

Am Montag gibt es Haselnüsse.

Am Dienstag bringt der Siebenschläfer Walnüsse.

Am Mittwoch serviert er Bucheckern.

Am Donnerstag werden Eicheln aufgetischt.

Den Rest der Woche steht bergeweise Müsli bereit.

„Bin ich satt!", stöhnt die Maus schon am Mittwoch.

„Mein Bauch ist so voll!", sagt der Hamster dann am Donnerstag.

„So viel hab ich noch nie gegessen", stöhnt das Eichhörnchen am Freitag.

Und der Siebenschläfer – der ist erst am Sonntag satt.

„Das sollte bis nächstes Frühjahr genügen",
gähnt er mit einem ganz leisen Rülpser
und tätschelt seinen kugelrunden Bauch.
Dann verschwindet er auch schon in
seinem Bau.

„Es ist doch gerade mal September",
wundert sich der Hamster.

Auch die anderen schauen dem müden
Vielfraß staunend hinterher. In dem
Moment lugt der noch einmal aus seiner
Höhle: „Sagt mal – ist vielleicht noch
etwas Nachtisch da? Ich hätte da noch ein
kleines bisschen Hunger!"

Das beste Versteck aller Zeiten

Paule, Wuff und Zottel, die kleinen Hundewelpen, spielen Verstecken. Zuerst ist Paule dran. „Eins, zwei, drei, vier …" Seine Geschwister bellen bis zehn, dann sausen sie los, um ihn zu suchen. Wuff steckt seine Schnauze unter das Sofa. Aber da sind nur Staubflusen und eine vergessene Spielkarte. Zottel guckt in Frauchens Schrank nach. Er wühlt so tief in den Kleiderbergen, bis ein ganzer T-Shirt-Turm auf ihn herunterpurzelt.

„He, Zottel! Herrchen und Frauchen mögen keine Hundehaare in ihren Klamotten!", schimpft Hundemama Kira. Sofort guckt Zottel so brav und treudoof und unschuldig, dass sie ihm über die Schnauze schleckt. Und weiter geht die Suche!

„Ich hab dich!", bellt Wuff. Er hat Paule entdeckt. Ganz
weit unten im Wäschekorb!

„Die Schmuddelwäsche war ja eh schon schmuddelig!",
grinst Paule und schüttelt sich eine alte Socke von der
Schnauze.

Dann versteckt sich Wuff. Seine Geschwister suchen im
Papierkorb. In der Speisekammer. Und in Herrchens
Gummistiefeln. Bis sie ihn schließlich im Putzeimer finden.
Als Zottel an der Reihe ist, müssen Paule und Wuff extra
lange suchen. Das ganze Wohnzimmer schnüffeln sie ab –
vergeblich! In der Küche ist er nicht. Auch nicht im Flur,

nicht im Schlafzimmer von Frauchen und Herrchen und im Kinderzimmer vom Mini-Herrchen ist er auch nicht zu finden. Die Welpen sind längst hundemüde. Selbst als Mama Kira ihnen beim Suchen hilft, taucht Zottel einfach nicht auf.

„He! Zottel! Komm raus!", bellt Kira. „Ihr habt für heute genug gespielt."

„Pssst!", flüstert Paule auf einmal. „Horcht doch mal!"

Die Hunde halten lauschend die Luft an.

Da ist ein komisches Geräusch.

„Hier schnarcht doch jemand", wundert sich Kira.

„Das kommt von da oben!", sagt Wuff.

Und tatsächlich. Hoch oben, im Spielzeugregal, zwischen einem Plüschlöwen und einem Stoffzebra, schlummert Zottel tief und fest! Er sieht aus wie ein Spielzeughund.

Kira stellt sich auf die Hinterbeine und stupst ihren Sohnemann vorsichtig mit der Schnauze an.

Zottel zwinkert müde. „Das war das beste Versteck aller Zeiten!", murmelt er, als Mama Kira ihn vorsichtig herunterhebt und er sich an sie schmiegt.

„Wie bist du da nur hochgekommen?", wundert sich Kira.

Doch da ist Zottel schon, ganz tief in ihr Wuschelfell gekuschelt, eingeschlafen.

„Und das ist das gemütlichste Versteck aller Zeiten", schmunzelt die Hundemama.

Der Flaschengeist im Zahnputzbecher

Eva steht am Waschbecken und putzt sich die Zähne.

„Huch!", ruft sie, als sie den Schaum ausgespuckt hat und gerade zum Gurgeln nach dem Zahnputzbecher greift. Darin sitzt ein winziges Männchen! Es hat ein buntes Tuch auf dem Kopf und seine Kleidung ist voller Gold und glitzernder Steine.

„Ich bin ein Flaschengeist!", verkündet der Knirps und macht ein wichtiges Gesicht. „Als meine glückliche Finderin hast du drei Wünsche frei!"

„Ein Flaschengeist im Zahnputzbecher?" Eva ist baff. „Und was darf ich mir wünschen?"

Der Mini-Geist verschränkt die Arme und reckt die Nase in die Luft: „Alles, was du möchtest! Jeder Wunsch ist für mich ein Klacks!"

„Super!" Eva grinst und kratzt sich nachdenklich die Nase. „Nur drei Wünsche ... Hm, wie wäre es mit ...“

„Hicks!", macht da der Zahnputzbecher-Flaschengeist. Es gibt einen Knall. Raucht steigt auf – und ein „Quaaaaak" erklingt. Die Seifenschale hat sich in einen grasgrünen Frosch verwandelt! Mit einem riesigen Satz springt er Eva auf die Schulter.

„He! Das hab ich mir aber nicht gewünscht!", schimpft die – obwohl der Frosch ganz süß ist.

„Verzeihung, ich … Hicks!", macht der Flaschengeist in dem Moment schon wieder.

Erneut qualmt es und der Badvorleger unter Evas Füßen beginnt zu schweben. Höher und höher, bis Eva mit dem Kopf gegen die Decke stößt. Dann macht der fliegende Teppich einen Sinkflug und Eva purzelt unsanft auf ihren Hintern.

„Autsch! Das war schon der zweite Wunsch! Pass doch mal besser auf!"

Der Flaschengeist ist jetzt plötzlich gar nicht mehr hoch-näsig und räuspert sich verlegen. „Das ist mir noch nie passiert. Ich … Hicks!"

Schon hat sich die Dusche in einen Weihnachtsbaum verwandelt. Damit ist auch Wunsch Nummer drei versemmelt.
„Und nun? Wie soll ich das alles meiner Mama erklären?"
Eva seufzt.
Der Flaschengeist zupft sich am Turban. „Ich … muss dann
mal wieder!"
Mit den Worten verschränkt der Geist die Arme, nickt
zweimal und – poff – ist er mit einem Knall und ziemlich
viel Qualm verschwunden.

„Quak!", sagt der Frosch und hüpft ins Waschbecken.
Jetzt kann Eva nur hoffen, dass der ganze Zauber
nicht länger anhält als ein Schluckauf! Und
dann sollte sie wirklich mal schleunigst
ins Bett. So ein Schluckaufzauber macht
nämlich müde.

HERR GRÜNKOHL IST MÜDE

Heute haben wir Lesenacht. Unsere Lehrerin Frau Süß,
Herr Grünkohl von der Schulbücherei und meine ganze
Klasse übernachten in der Schule. Es gibt Knabberzeug und
Saft und jeder hat seinen Schlafsack dabei. Vorne rückt
Herr Grünkohl einen großen, roten Sessel zurecht und wir
machen es uns davor gemütlich. Das große Licht knipst
Frau Süß aus. So haben wir es ganz dunkel-schummrig-
kuschelig. Nur vorne beim Lesesessel steht eine Lampe und
auf einem kleinen Tisch flackert eine Kerze. Dann kann
es endlich losgehen. Frau Süß beginnt aus dem großen
Märchenbuch vorzulesen:
„Es war einmal …"

Da erklingt ein seltsames Geräusch.

„Krrrrrrchz.“

Alle fangen an zu kichern. „Herr Grünkohl ist eingeschlafen!“, flüstert Lisa.

Frau Süß pikst ihm mit dem Finger in die Seite.

„Was … Also … Hoppla!“, stottert Herr Grünkohl und reibt sich die Augen. Er entschuldigt sich – und weiter geht es: „Also. Es war einmal …“

„Schhhhhhhhhhrrrrrr“, macht es da.

Wieder lachen alle los.

„Herr Grünkohl!“, schimpft Frau Süß. Der schreckt auf und wirft vor Schreck die Lampe um. Aber das macht gar nichts, denn weil ihm das so peinlich ist, leuchtet er selber fast wie eine. „Verzeihung! Noch einmal passiert mir das ganz bestimmt nicht.“

Aber von wegen. Gerade mal zwei Sätze kann Frau Süß lesen, da schnarcht Herr Grünkohl schon wieder: „Tschschschzzzzz …“

„Jetzt reicht es!“, ruft die Lehrerin. Sie legt das Märchenbuch beiseite und nimmt ein anderes. „Gutenachtgeschichten“ steht darauf. „Vielleicht schlafen Sie da so fest, dass Sie wenigstens nicht mehr schnarchen!“

Und tatsächlich. Sofort duselt Herr Grünkohl wieder ein. Tief und fest diesmal, sodass er nur noch leise durch die Nase vor sich hinpfeift.

Endlich kann Frau Süß das Märchen zu Ende lesen. Und Herr Grünkohl pfeift leise den Takt dazu.

ALLERSCHÖNSTES MIESEWETTER

Am Wochenende ist Carolin bei Oma und Opa zu Besuch.
Sie wollen in den Streichelzoo und einen Waldspaziergang
machen.
Doch dann regnet es – die ganze Zeit!
„Ist das gemein", schimpft Carolin und schaut dabei zu,
wie dicke Tropfen an die Fensterscheibe platschen.
„Dann machen wir es uns eben drinnen gemütlich!" Oma
legt ihren Arm um Carolins Schultern.
„Mit einem dicken Buch und Kakao!", sagt Opa. Seine
Stimme klingt ganz dumpf, weil er sich auf dem Sofa die
dicke Decke bis zur Nase gezogen hat.

„Gemütlich ist nur ein anderes Wort für langweilig",
brummt Carolin.

Plötzlich legt Opa die Decke weg. „Sagt mal, warum ist das
denn plötzlich so warm hier?"

Oma fasst an die Heizung. „Die glüht ja fast! Und sie lässt
sich gar nicht mehr herunterdrehen!"

„Da scheint was kaputt zu sein." Opa kratzt sich ratlos am
Kopf. „Und was machen wir jetzt? Am Wochenende kommt
doch kein Handwerker her!"

„Wir machen einfach das Beste draus!" Oma zwinkert
Carolin zu: „Lust auf eine Strandparty?"

Opa bläst eine Luftmatratze auf, Oma schiebt die große
Topfpalme in die Mitte des Wohnzimmers und Carolin
breitet Handtücher auf den Boden. Längst haben sie alle
kurze Sachen an. „Hier ist es so heiß wie in der Sauna",
stöhnt Opa.

„Nein, wie an der Südsee!", lacht Carolin.

„Genau! Wir sind auf einer einsamen Insel. Um uns herum
das blaue Meer und unter unseren Zehen allerweichster
Sand!", grinst Oma.

„Autsch!", ruft Carolin und qietscht vor Lachen. „Mir ist
eine Kokosnuss auf den Kopf geknallt!"

Es gibt Obstsalat und Maracujasaft und Opa fällt schließlich
noch ein, dass er sogar eine CD mit Meeresrauschen hat.

„Was für ein perfekter Tag am Meer!", sagt Oma.

„Ich liebe Miesewetter!", findet Carolin. „Darf ich heute
am Strand übernachten?"

„Nur, wenn wir auch mitmachen dürfen!"

Und so rollen sich am Abend alle drei auf ihren Strand-matten zusammen. Zum Einschlafen zählt Carolin heute keine Schäfchen, sondern Delfine.

Am nächsten Morgen funktioniert die Heizung wieder und draußen scheint die Sonne.

„Fast ein bisschen schade", findet Carolin. Aber dann hat sie natürlich trotzdem nichts dagegen, mit Oma und Opa in den Streichelzoo zu gehen.

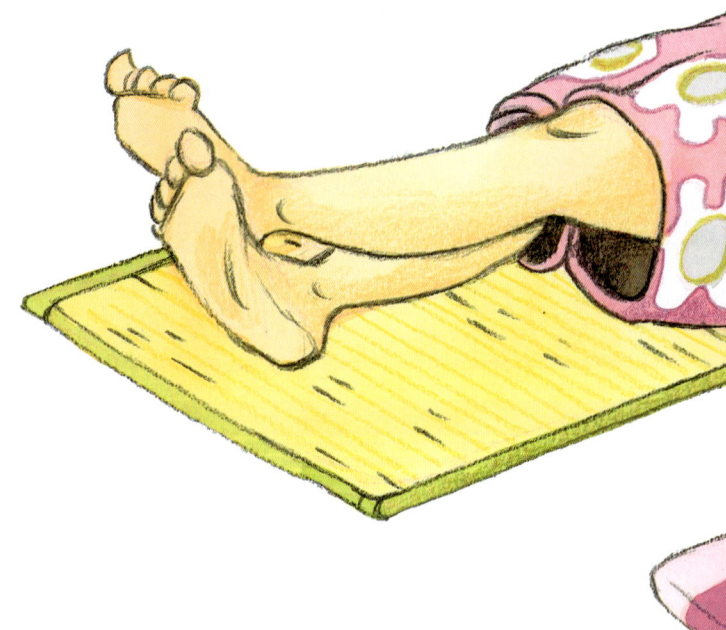

Die Wummel

Als Mama zum Gutenachtsagen ins Kinderzimmer kommt, zieht sich Lena schnell die Decke bis über die Nase. Aber leider merkt Mama immer alles. Erst kapiert sie, dass Lena noch gar nicht schläft, und dann sieht sie natürlich auch die vielen Puppen, Bausteine und Kuscheltiere auf dem Teppichboden vor Lenas Bett.

„Du solltest doch aufräumen!", schimpft Mama. „Stattdessen hast du wieder die ganze Zeit vor dich hingeträumt, stimmt's?"

Lena lugt vorsichtig unter der Decke hervor.

„Ich kann da gar nichts dafür", protestiert sie.

„Du meinst, du hast das Chaos gar nicht angerichtet?" Mama runzelt die Stirn.

„Nee, das waren …" Lena überlegt. Mama setzt sich zu Lena auf die Bettkante.

„Das waren die Wummel!", sagt Lena schnell. „Mann, die sind so frech!"

„Ach ja?", fragt Mama und zupft eine Fluse von Lenas Pünktchen-Bettdecke.

Lena nickt: „Weißt du, das sind so kleine Zwerge. Kaum größer als eine Streichholzschachtel."

„Und die machen so ein riesiges Chaos?", wundert sich Mama.

„Na, das sind ja ganz viele. Hundertzwölfzig oder so. Also mindestens! Wenn es dämmert, kriechen die aus allen Ecken. Erst wuseln sie wild durcheinander und dann fangen sie an, mein Spielzeug aus den Kisten zu räumen." Lena setzt sich auf. „Weiß du, so eine Kiste ist ja eigentlich viel zu hoch für die winzigen Wummel. Aber die machen dann einfach Räuberleiter! Und springen können die – das glaubst du nicht. Aus dem Stand einmal quer durch das ganze Zimmer."

„Echt?", fragt Mama.

„Total echt! Und weil die so schnell sind, erwisch ich nie einen. Überhaupt zeigen die sich ja immer nur, wenn ich ganz leise bin und mich fast nicht bewege. So frech wie die

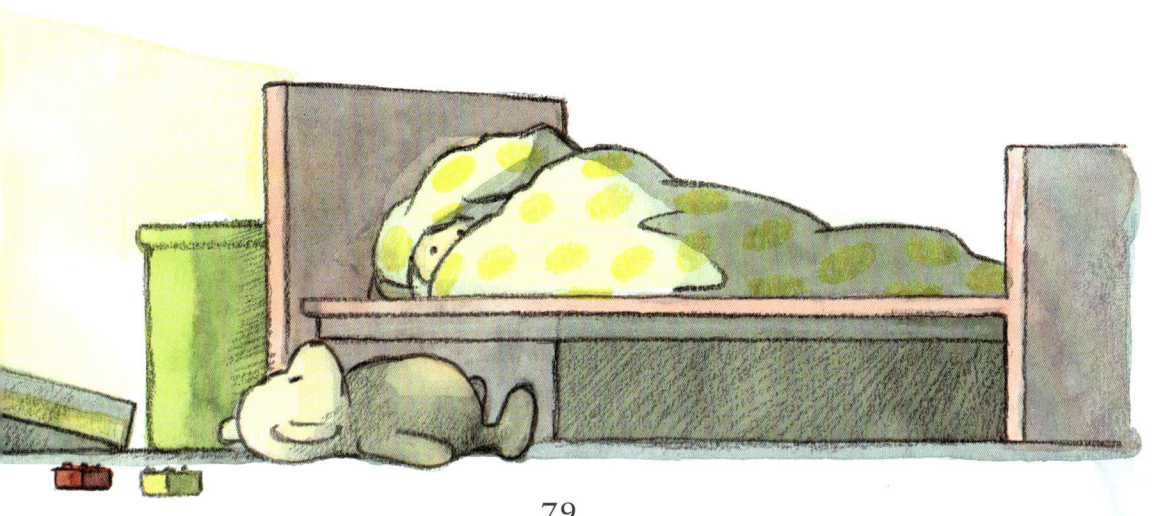

sind, so viel Angst haben die auch vor uns Menschen. Dabei würde ich denen ja nie etwas tun – obwohl ich ja schon einen Grund hätte, auf sie sauer zu sein!"

„Klar, immerhin kriegst du wegen denen immer den ganzen Ärger ab!", sagt Mama.

„Ganz genau!", sagt Lena. Auf ihren Wangen sind rote Flecken zu sehen.

„Und warum machen die Wummel das?", will Mama wissen.

„Na, weil spielen und Unordnung machen Spaß macht – ist doch logo!", erklärt Lena. „Oder … Vielleicht …"
Sie runzelt grübelnd die Nase: „Vielleicht müssen sie auch Unordnung machen. So wie wir … aufs Klo müssen!"

„Hm, kann schon sein", meint Mama und guckt inzwischen schon gar nicht mehr böse.

„Ich kann dir ja morgen noch etwas mehr erzählen", schlägt Lena vor.

„So machen wir das!" Mama steht auf und streicht Lena über die Stirn. „Dann würde ich sagen, wenn die Wummel dann ja eh wieder alle aus ihren Ecken kriechen – räumen wir morgen früh das Wummel-Durcheinander einfach zusammen auf!"

„So machen wir das!", sagt auch Lena zufrieden.
Als Mama aus dem Zimmer ist, lauscht Lena gespannt in die Dunkelheit.
Irgendwo hört sie ein ganz leises Rascheln:
„Ihr frechen Wummel, ihr", flüstert sie.

Ein Reim für den Elefanten

Es ist ganz still in der Savanne. Nur leises Schnarchen ist zu hören und das sanfte Rauschen der Gräser im Wind.

„Achtung, Achtung!", grunzt da das Warzenschwein und springt aus seiner Suhle.

„Nicht schon wieder!", meckert der Pavian und klettert auf einen Baum.

„Dieser Trampel!", brummt das Krokodil und taucht schnell unter.

„In Deckung! Schnell!", wiehert das Zebra und verschwindet hinter einer Staubwolke.

Alle Tiere huschen hastig davon. Der riesige Elefantenbulle ist wieder unterwegs! Ein einziger seiner Füße ist schwer wie ein Haus. Bei jedem seiner Schritte bebt die Erde und Blätter rieseln von den Bäumen.

„Sag mal spinnst du?", ertönt da ein dünnes Stimmchen. Die anderen Tiere halten die Luft an. „Immer störst du die Mittagsruhe. Andere Tiere wollen vielleicht schlafen!"

Es ist das kleine Erdmännchen! Es macht sich so groß, wie es nur geht, und funkelt den Elefanten zornig an. Doch der Riese kann den Winzling gar nicht hören. Seine großen Ohren sind viel zu weit oben.

„Ich mein dich!", ruft das Erdmännchen, noch etwas lauter.

„Pass lieber auf!", flüstert ihm das Krokodil ganz leise zu – und taucht schnell wieder unter.

„Komm schnell hoch zu mir in die Äste!", rät ihm der Pavian von oben.

Aber zu spät.

Jetzt blinzelt der Elefant zu dem Erdmännchen herunter.

„Was ist denn los?" Verwundert wackelt er mit den Ohren. Dabei macht er so viel Wind, dass er das Erdmännchen beinahe umpustet.

„Musst du uns immer wecken? Und auch noch alles kaputt machen?", fragt das Erdmännchen.

„Ich?"

Jetzt schlägt der Elefant verdattert mit seinem Rüssel. Dabei fegt er – schwupps – eine Kokosnuss vom Baum. Scheppernd zerspringt sie auf dem Boden. Das Erdmännchen huscht gerade noch beiseite.

„Jetzt pass doch mal auf!"

„Hoppla!", murmelt der Elefant. „Das war gar keine
Absicht! Weiß du, ich bin nur so groß – und das da unten
ist alles so klein!"

Das Erdmännchen runzelt seine Schnauze. „Mach doch
auch einfach mal ein Nickerchen!"

„Aber ich bin doch gar nicht müde", sagt der Elefant.

„Dann musst du eben etwas tun, das müde macht", sagt
das Erdmännchen. „Aber nichts Lautes und Wildes!", wirft
es schnell noch ein.

„Und was?", fragt der Elefant.

Das Erdmännchen grübelt einen Moment. „Dichten zum
Beispiel!", sagt es und macht vor, wie es geht:

„Auf Kokosnuss reimt sich Schokokuss!"

Der Elefant grübelt angestrengt. „Mir fällt aber nichts ein!"

„Auf Unterhose reimt sich Erbsendose!", ruft der Pavian vom Baum herunter.

Der Elefant runzelt seinen Rüssel. „Hm …", macht er nur.

„Es schwimmt ein Krokodil im Nil", versucht ihm das Krokodil auf die Sprünge zu helfen. Aber dem Elefant ist noch immer nichts eingefallen. Stattdessen gähnt er leise.

Das Zebra wiehert: „Der Osterhase hat eine rote Schnupfennase!"

Langsam fallen dem Elefant die Augen zu.

„Ein Warzenschwein mit Hinkebein ging ganz allein ins Bett hinein", grunzt das Warzenschwein.

Und der Elefant murmelt müde. „Der Elefant ist eingepannt" – und dann schnarcht er auch schon tief und fest.

Kurz darauf erklingt wieder das übliche Schnarchkonzert durch die Savanne. Diesmal allerdings mit einer Stimme mehr.

Tausend Schuhe für Trudeliese

Trudeliese Tausendfüßler lebte mit ihrem Freund Karl Käfer, Schnecke Schusch und Reginald Regenwurm im Wald. Genauer gesagt an der großen Lichtung, am Fuße der alten Buche. Die Freunde liebten es, wenn die Sonne durch die Äste schien und das grüne Laub flimmern ließ. Das Zwitschern der Vögel und das Rauschen der Blätter war in ihren Ohren wie Musik. So kam es nicht selten vor, dass die Krabbel-Kriechtier-Wohngemeinschaft eine Party schmiss. Schusch ließ ihr Haus im Takt wackeln, Wurm Reginald

kringelte sich vor Lachen und Karl Käfer schmiss sich auf den Rücken und zappelte mit allen vieren. Trudeliese wiederum tanzte am liebsten Cha-Cha-Cha. Ihre vielen Füße flogen dabei schneller durch die Luft, als ihre Freunde schauen konnten.

Eines Tages waren die vier vom Tanzen fix und fertig. Sie machten ein Päuschen und knabberten ein paar welke Blätter. Trudeliese legte ihre Füße hoch. Sie hatte sie glatt wund getanzt.

„Vielleicht brauche ich doch Tanzschuhe", überlegte sie.

„Herrjeeeeee, das … wären … dann …ja …" Schnecke Schusch machte eine nachdenkliche Pause. „500 Paar!", sagte sie etwa fünf Minuten später.

Reginald Regenwurm sah Trudeliese fragend an: „Hast du wirklich tausend Füße?"

„Sonst wär sie doch kein Tausendfüßler!", rief Karl der Käfer prompt.

„Nun ja …" Trudeliese betrachtete ihre zappelnden Zehen.

„Ehrlich gesagt, gezählt habe ich sie noch nie!" Sofort legte sie los. „Eins, zwei, drei, vier …"

Als sie bei 34 angekommen war, musste sie gähnen. Auch ihre Freunde, die ihr gespannt zuschauten, gähnten mit. Bei Fuß Nummer 61 fielen Trudeliese die Augen zu – und auch ihre Freunde schnarchten weg.

„Jetzt weiß ich nicht mehr, bei welchem Fuß ich war!", schimpfte Trudeliese, als sie am nächsten Morgen wieder aufwachte.

„Dann noch mal von vorne", sagte Karl.

Also begannen sie von Neuem zu zählen. „Eins, zwei, drei."
Diesmal wurde erst bei 97 gegähnt und bei 112 geschnarcht.
Tagelang ging das so. Die Freunde aus dem Wald kamen gar
nicht mehr zum Feiern und Tanzen, weil sie jeden Tag so
bald einschliefen.

„Wenn wir nicht mehr tanzen, brauche ich ja auch keine
Tanzschuhe", meinte Trudeliese.

„Aber wenn wir mit dem Zählen aufhören, dann schlafen
wir nicht mehr so früh – und dann tanzen wir wieder",
überlegte Reginald.

„Genau, und dann brauchst du wieder Tanzschuhe!", fasste
Karl zusammen.

„Und wenn wir einfach vom Tanzen träumen?", gähnte
Schusch, die die ausgiebigen Nickerchen gar nicht mal so
übel fand.

Trudeliese schüttelte den Kopf. „Ich will das jetzt wissen!
Wir müssen uns irgendwie merken, bis zu welchem Fuß wir
gezählt haben!"

„Dann mach doch einen Knoten!", sagte Karl. „Man macht
immer einen Knoten, wenn man sich etwas merken will!"
Trudeliese musste natürlich ganz viele Knoten machen.
Nach jedem zehnten Fuß banden ihre Freunde ein Schleif-
chen aus rotem Garn.

„Jetzt müssen wir endlich nicht mehr jedes Mal ganz von
vorne anfangen!", sagte Reginald.

„Und können bald wieder tanzen!", sagte Trudeliese.

„Bin ich gespannt, wie viele Füße es sind!", sagte Karl.
Nur Schnecke Schusch sagte nichts. Die war schon wieder
eingeschlafen. Und Trudeliese – die war nicht nur die
glücklichste, sondern auch die schickste Tausendfüßlerin
im ganzen Wald!

PRINZESSIN PAULINE WILL NICHT SCHLAFEN

Jeden Abend ist es das Gleiche auf Schloss Pusteblume.
Prinzessin Pauline will einfach nicht schlafen.
„Ich mag noch nicht ins Bett!", brüllt sie, bis die Wände
wackeln.

Sie wirft ihr Kopfkissen nach ihrem Vater, König Karl.
„Eine Prinzessin muss brav sein und stillsitzen!", sagt der.
„Und eine Prinzessin braucht ihren Schlaf!", sagt Paulines
Mama, die Königin Kunigunde.
Von Prinzessin Paulines Gebrüll sitzt ihre Krone schon ganz
schief auf dem Kopf.

Aber Pauline schläft trotzdem nicht.

„So geht das nicht weiter", seufzt die Königin.

Gähnend lässt sich König Karl in seinen Thron plumpsen. Und dann, als er fast schon eingeschlafen ist, reißt er die Augen auf und ruft: „Ich habe eine Idee. Eine wahrlich königliche! Derjenige, der die Prinzessin zum Schlafen bringt, dem verspreche ich Goldtaler und Edelsteine – tonnenweise!"

„Tonnenweise?" Die Königin runzelt die Stirn, bis ihr die Krone nach vorne kippt.

„Nun ja, dann eben kiloweise", räumt der König ein und sendet sofort einen Boten los.

Schon am nächsten Abend stehen die Leute vor Schloss Pusteblume Schlange. Einer nach dem anderen tritt an Prinzessin Paulines Bett.

Der Erste hat eine Gitarre um die Schultern und klimpert ein Schlaflied. Aber anstatt zu gähnen, singt Pauline mit. Eine Strophe nach der anderen. Hell und wach schallt ihre Stimme durch das Schloss und der ganze Hofstaat schunkelt summend mit.

Der Zweite setzt sich auf den Stuhl neben Paulines Bett und

91

beginnt zu erzählen. Die längste Gutenachtgeschichte der
Welt. Und die langweiligste! Aber anstatt zu gähnen, erzählt
Pauline die Geschichte selber weiter. Es wird so spannend,
dass sogar die Königin auf ihren Fingernägeln kaut.

Der Dritte versucht es mit Hypnose. Er starrt Pauline in die
Augen und redet langsam auf sie ein: „Du bist müde, deine
Lider werden schwer, du schläfst tief und fest …“

Doch weil der Kerl so komisch guckt, kriegt Pauline einen
Lachanfall. Sie kann gar nicht mehr aufhören und gluckst
so fröhlich vor sich hin, bis der ganze Hofstaat einfach
mitlachen muss.

Auch der Vierte, der Fünfte und der Sechste schaffen es
nicht, Pauline zum Schlafen zu bringen. Während alle anderen ringsherum längst gähnen, ist sie immer noch hellwach.
Bis ein kleiner Junge ins Schloss spaziert.

„Ich bin Paul. Willst du mit mir spielen?“, fragt er.

Pauline zögert einen Moment. „Super gerne. Aber eigentlich
müssen Prinzessinnen immer stillsitzen und brav sein und
bald ins Bett.“

„Davon wird man doch nicht müde!“, wundert sich Paul.
Und da hüpft Pauline mit einem Satz aus dem Bett.
Gemeinsam sausen die beiden durch das riesige Schloss und
spielen Fangen. Wie toll man sich in den vielen hundert
Zimmern verstecken kann! Stundenlang toben sie durch
die Gänge von Schloss Pusteblume. Solange bis – Pauline
endlich gähnt!

Zum allerersten Mal geht sie freiwillig ins Bett.

Der König, die Königin und der ganze Hofstaat seufzen
erleichtert. Von nun an kommt Paul jeden Tag ins Schloss,
um mit Prinzessin Pauline zu spielen. Und wenn sie nicht
gestorben sind, dann spielen sie noch heute.

VERTRÄUMT

DIE STERNSCHNUPPE

Stockdunkel ist es draußen. Normalerweise ist Ben um die Uhrzeit längst im Bett. Heute aber darf er länger aufbleiben. Denn heute ist Sternschnuppennacht! Mit seinem Kuschelmonster Schlurps im Arm macht es sich Ben auf dem Fensterbrett gemütlich und schaut in den Sternenhimmel. Er wartet und wartet. Langsam fallen ihm schon die Augen zu. Aber dann – saust ein helles Licht am Fenster vorbei!

„Schlurps! Da ist eine!", ruft Ben. „Ich wünsche mir … Ich wünsche mir … Ja, was denn?"

„Dass ich reden kann, zum Beispiel!", schlägt Schlurps vor. Ben grinst sein Lieblingsmonster an. „Das wäre genial!

Dann könnte ich dich mit in die Schule nehmen und du
kannst mir vorsagen, wenn ich etwas nicht weiß. Oder du
erzählst mir Witze, wenn mir langweilig ist."
„Oder ich könnte dir ein Schlaflied
singen. Aber ein ganz wildes,
monsterhaftes!", meint Schlurps.
Ben kichert. „Da wäre super!"
Und jetzt muss er gähnen. Er
kuschelt Schlurps ganz eng an
sich und zwinkert schläfrig.
„Aber leider gibt es in echt keine
sprechenden Kuscheltiere."
„Nee, leider nicht", sagt
Schlurps und seufzt.

Ein Bett im Baum

Heute stellt Greta ihr Bett in den Baum. In die große Eiche im Garten. Durch die Blätter funkelt der Mondschein hindurch und Greta ist so hoch oben, dass sie nach den Sternen greifen kann. Also, fast. Aber auf jeden Fall ist sie ihnen viel näher als in ihrem Kinderzimmer! Das braune Eichhörnchen huscht aus seinem Astloch und unter Gretas Decke. Das schwarze Eichhörnchen macht es sich in ihrer Halsbeuge gemütlich. Der Uhu flattert von der Baumkrone herunter und lässt sich auf dem Kopfende nieder und eine Fledermaus hängt sich an den Ast über Gretas Kopf. „Soll ich euch eine Gutenachtgeschichte erzählen?", fragt sie die Tiere um sich herum.
„Schuhuuuu!", erwidert der Uhu und das heißt „Ja".
Da erklingt lautes Gegrunze. Rund um den Baum hat sich eine Horde Wildschweine versammelt. Auch der Fuchs lässt sich an der Eiche nieder und neben ihn setzt sich der Hase. Selbst die scheuen Rehe trauen sich her. Alle Tiere im Wald wollen Gretas Geschichte hören. Eine ganz besondere Geschichte. „Es war einmal ein Bett im Baum …", beginnt sie zu erzählen.

Fritz, das Faultier

Fritz hängt den ganzen Tag faul an seinem Lieblingsbaum herum – und zwar kopfüber! So gehört sich das für ein Faultier wie ihn. Wenn er doch einmal ein Stückchen weiter klettert, dann nur gaaaaaanz langsam und gemütlich. Fast schon wie in Zeitlupe!

„Geht's nicht etwas schneller?", meckert der Papagei, der neben ihm auf dem Ast sitzt.

„Auf keinen Fall", erwidert Fritz. „Sonst hab ich nicht mehr genug Zeit zum Grübeln!"

Und das will der Papagei auf keinen Fall. Denn wenn Fritz grübelt, dann erfindet er die tollsten Geschichten. Während er oben in den Ästen hängt, sitzen seine Freunde drunter und drüber und drumherum und lauschen. Da gibt es zum Beispiel die Geschichte vom Karpfen, der Angst vor Wasser hatte. Oder die von der Maus, die steif und fest behauptete,

sie wäre eine Katze. Allerdings redet Fritz genauso langsam wie er klettert. Und da kann es schon mal vorkommen, dass seine Zuhörer beim Lauschen einschlafen. Egal, wie spannend die Geschichte gerade ist. Aber Fritz Faultier wäre kein Faultier, wenn ihn das aus der Ruhe bringen würde. „Dann erzähl ich eben morgen weiter", gähnt er und macht erstmal ein ausgiebiges Nickerchen.

Feenzauber in der Nacht

Pfläumchen, die kleine Fee, ist sauer. Sie will schlafen – aber es klappt einfach nicht. Egal, wie sie sich auch dreht und windet, immer zwickt und kneift etwas.
„Dieses olle Bett!", ruft sie und schwingt ihren Zauberstab. Es knallt und zischt – und plötzlich liegt sie in einem

wabbeligen Wasserbett. Bei jeder Bewegung quackert und blubbert es.

„Da werde ich ja seekrank!", stöhnt Pfläumchen.

Wieder lässt sie ihren Zauberstab durch die Luft sausen.

Und – zack – liegt sie in einer Kiste voller Federn.

„Wie weich das ist!", seufzt Pfläumchen. Schon fallen ihr die Augen zu. Aber dann – „Hatschi!" – muss sie niesen. Und noch mal. „Hatschi!"

Die Federn kitzeln an ihrer Nase. Also schwingt sie wieder ihren Zauberstab. Vor ihr steht jetzt ein Super-Luxusbett mit Massagefunktion.

Aber das brummt so laut, dass Pfläumchen nicht schlafen kann. Als Nächstes zaubert sie ein fliegendes Bett, das mitten durch den Sternenhimmel segelt. Doch nun kriegt die kleine Fee Höhenangst. So geht es noch eine ganze Weile weiter. Kein Bett der Welt ist für Pfläumchen gemütlich genug. Aber dafür macht Zaubern schrecklich müde! Pfläumchen gähnt und gähnt. Sie kann kaum noch ihre Augen offen halten.

Mit letzter Kraft wedelt sie noch einmal mit ihrem Zauberstab. Da steht ihr altes Bett wieder im Zimmer. Die Fee kuschelt sich zufrieden seufzend auf die Matratze. „Gemütlicher geht's ja wohl nicht", murmelt sie und schläft endlich, endlich ein.

Der allererste Schnee

Jeden Herbst, bevor der Winter beginnt, ist es bei den Bären an der Zeit, sich in ihre Höhle zu verkriechen.

„Ihr schlaft den ganzen Winter durch?", piepst die Maus.

„Aber da verpasst du doch den ersten Schnee!"

Der kleine Bär brummt sie verwundert an. „Schnee? Was ist denn das?"

„Der kommt vom Himmel, ist weiß und superweich. Und man kann darin wild herumtoben", erklärt die Maus.

„Den will ich auch mal sehen!", sagt der Bär.

„Ein kleiner Bär braucht seinen Schlaf. Gute Nacht Maus, bis zum nächsten Frühjahr!", sagt Mama Bär entschieden und die Familie verzieht sich in die Höhle.

Als die ganze Bande schon eine ziemlich lange Weile schnarcht, kitzelt dem kleinen Bär plötzlich etwas an seinem Ohr. „Pssst! Komm raus. Es schneit!" Es ist die kleine Maus. Auf Zehenspitzen schleichen die Freunde aus der Höhle – mitten hinein in das wolkenwatteweiche Schneeflockengestöber.

„Ist das schön!", seufzt der Bär. Er fängt eine Schneeflocke mit der Zunge und lässt sich rücklings in die weiße Pracht fallen. Die Maus und der Bär kugeln sich herum und machen eine Schneeballschlacht. So lange, bis beide breit gähnen.

„Und den Rest des Winters kann ich vom Schnee träumen",
brummt der Bär zufrieden und kriecht schlapp zurück in
seine Höhle.
„Ich mach mit!", sagt die Maus und kuschelt sich an den
weichen Bärenbauch.

Rundflug mit Fledermaus

Mitten in der Nacht wacht Lisa auf. Der Mond scheint kugelrund durch ihr Fenster und zaubert Schatten auf den Teppichboden. Rundherum am schwarzen Himmel glitzern unzählige Sterne. Plötzlich klopft etwas an Lisas Scheibe. Ganz, ganz leise.

„Eine Fledermaus", wundert sich Lisa. Sie öffnet das Fenster. „Willst du etwa zu mir?"

Die Fledermaus nickt ihr zu und breitet ihre Flügel aus.

„Komm doch mit!", scheint sie zu sagen.

„Aber ich kann nicht fliegen. Leider!", erwidert Lisa.

Da zwinkert ihr die Fledermaus zu.

„Meinst du wirklich?" Lisa streckt ihre Arme aus, bewegt sie langsam auf und ab – und schon schweben ihre Füße über dem Boden. „Es klappt!"

Seite an Seite mit der Fledermaus startet sie vom Fensterbrett zu einem nächtlichen Rundflug. Sie fliegen am leuchtenden Mond vorbei und begegnen einem riesigen Uhu, der sie mit einem Schuhuuuuu begrüßt. Mitten auf der Kirchturmspitze machen sie ein Päuschen.

„Wie winzig das da unten alles ist!", staunt Lisa.

Als sie über die Dächer der Stadt fliegen, ruft sie plötzlich: „Stopp!" Sie hört ein leises Maunzen. Und in einem hohen Baum bewegt sich was. „Ein Kätzchen!"

Vorsichtig fliegen die beiden näher und Lisa hebt die kleine
Mieze sanft auf ihren Arm. Sie maunzt aufgeregt. „Keine
Angst, ich pass auf dich auf!" Tatsächlich ist der Winzling
jetzt ganz ruhig. Bald ist er an Lisas Bauch eingeschlafen.
Zu dritt geht es noch eine letzte Runde durch die Nacht.
Dann landet Lisa wieder vor ihrem Zimmerfenster. Sie
winkt der Fledermaus so lange nach, bis die inmitten der
Sterne verschwunden ist. Die kleine Katze legt sie sanft
auf ihr Kopfkissen. „Morgen fragen wir, ob dich jemand
vermisst!"
Doch als Lisa aufwacht, ist ihr Kissen leer.
„Schade! Das war alles nur ein Traum!", seufzt Lisa.
Da hört sie ein leises Maunzen. Lisa lugt unter das Bett.
Dort ist das kleine Kätzchen und spielt mit einer Staubfluse.
Kichernd lockt Lisa es hervor. Jetzt muss sie sich nur noch
überlegen, wie sie das alles ihren Eltern erklärt.

Ein Gespenst namens Pep

Jonas stöbert auf dem Dachboden herum. Dort oben gibt es immer etwas zu entdecken. Aus einer Kiste zieht er einen staubigen Riesenhut. Obendrauf sind Bananen und Äpfel – aber keine echten, sondern welche aus Plastik. Auch sein altes Schaukelpferd findet er und eine Schachtel voller Weihnachtsschmuck. Auf einmal hört er, hinten in der Ecke, ein komisches Geräusch. Es kommt aus einer großen Holztruhe. Vorsichtig nähert sich Jonas.

„Dadrin schnarcht jemand!", staunt er.

Eine Maus vielleicht? Oder eine Katze? Langsam klappt Jonas den Deckel auf. Der ist verdammt schwer und quietscht gewaltig. Und dann … „Huch!", macht Jonas einen Satz nach hinten. In der Kiste ist keine Maus. Auch keine Katze oder sonst irgendein Tier. In der Kiste schlummert ein Gespenst!

„He! Wer stört mich denn da?", murmelt es und zwinkert müde.

„Tschuldigung, ich wollte dich nicht wecken! Ich bin Jonas und du?" Der Geist sieht total nett aus und Jonas hat kein bisschen Angst.

„Mein Name ist Pep!" Das Gespenst setzt sich in der Kiste auf. Es blinzelt überrascht und reibt sich die Augen.

„Boah, wie hell das ist!“, staunt Pep und betrachtet die
Sonnenstrahlen, die durch die Bretterritzen fallen. Er steigt
aus der Kiste und streckt seine Hand vorsichtig dem Licht
entgegen. „Hihi, das kitzelt!“, lacht Pep. „Ich wollte schon
immer mal am Tag hinaus. Aber die Sonne kitzelt einfach
fürchterlich!“
„Kein Problem“, meint Jonas. Aus einem Karton zieht er
Papas alten Bademantel. Dazu den Hut mit dem Plastik-
Obst und eine riesige Sonnenbrille. „Damit kommt die
Sonne nicht mehr an dich ran!“

Als Pep alles angezogen hat, kriegt Jonas vom Lachen Schluckauf, so komisch sieht sein Geisterfreund aus. Dann steigen die beiden zur Dachluke hinauf. Sie setzen sich auf den Dachfirst und schauen sich die Welt von oben an. Pep kann nur staunen. Er sieht zum ersten Mal eine Amsel und einen bunten Schmetterling. Dann nimmt er Jonas an der Hand. So können sie gemeinsam im blauen Himmel eine Runde schweben. Eine Spatzenbande begrüßt sie mit frechem Gezwitscher. Von unten bellt ein Hund zu ihnen hinauf und sein Besitzer rumpelt vor Schreck gegen den Laternenpfahl.

„Hihihi, das kitzelt!", lacht Pep plötzlich. Der Wind hat ihm seinen Hut vom Kopf gepustet! Prustend und kichernd fliegen die Freunde zurück zum Dachboden. Pep gähnt und kriecht in seine Kiste.

„Bis zum nächsten Mal!", sagt Jonas. „Ich strick dir auch eine richtig coole Mütze!"

Ein Bett für den Igel

„He, hör auf zu piksen!“, schimpft Igel Stups.

„Was hast du denn für eine Laune?“, wundert sich sein bester Igelfreund Fups.

„Das ist nicht meine Laune – das sind nur deine ollen Stacheln!“, meckert Stups.

„Pfff, bitte, dann schlafe ich eben woanders!“, schnaubt Fups und kriecht aus dem weichen Laubhaufen. „Blöder Stachelfuzzi!“, brummt er leise.

„Nerviger Piksheini!“, ruft ihm Stups hinterher.

Fups schaut sich ziemlich ratlos um.

„Ist bei dir noch Platz?", ruft er hinauf zur Amsel, die in ihrem Nest sitzt.

„Klar, komm hoch!", zwitschert sie ihm freundlich zu.

Gar nicht so leicht, den steilen Stamm hinaufzukraxeln. Aber irgendwann hat es Fups geschafft und er kuschelt sich neben die Amsel.

„He! Aua! Du pikst!", meckert die allerdings sofort los. „So kann ich nicht schlafen!"

„Dann schlaf ich eben woanders", schnaubt Fups und klettert wieder nach unten.

Als Nächstes klopft er an die Kaninchenhöhle.

„Herein!", ruft das Kaninchen freundlich. Erst zögert Fups, weil es in der Höhle gar zu dunkel ist. Aber dann holt er tief Luft und tritt ein.

„Hier ist genug Platz für alle!", sagt das Kaninchen und Fups kuschelt sich an das wuschelige Tier.

„He! Aua! Du pikst!", schimpft da jedoch auch das Langohr los.

„Ein Igel muss piksen, das geht nicht anders", murrt Fups und verlässt die Höhle mit eingezogenen Stacheln.

„Ist bei dir vielleicht ein Plätzchen zum Schlafen frei?", fragt Fups die Maus, die gerade an einer leckeren Haselnuss knabbert.

„Sicher doch! Mir nach!", piepst sie. Fups kommt kaum hinterher und die Mäusegänge tief unten in der Erde sind ganz schön eng und düster. Aber das Mäusebett ist super! Voller weichem Moos und kuscheligen Blättern.

Der Igel kuschelt sich an die Maus und …

„He! Aua! Du pikst!"

„Tschuldigung", murmelt Fups. „Dann schlaf' ich wohl lieber woanders."

Aber wo?

Und überhaupt, ganz alleine kann er bestimmt nicht einschlafen. Draußen, unter dem funkelnden Sternenhimmel, muss Fups eine Träne wegschniefen. Wie er Stups vermisst! Warum war der nur so sauer?

„He! Fups!", erklingt es da neben ihm. Es ist Stups! Er sieht ganz schön geknickt aus. „Du, es tut mir leid. Ich hatte wirklich nur schlechte Laune vorhin. Kommst du wieder ins Bett?"

Eine Sekunde zögert Fups. Aber gut, schlechte Laune hat jeder mal! Und gerade, als sie sich auf den Weg zu ihrem Laubhaufen machen, landet plötzlich die Amsel neben ihm. Auch das Kaninchen und die Maus warten vor dem Igelnest. „Wir haben das nicht so gemeint vorhin!", zwitschert die Amsel.

„Ihr könnt ja nichts dazu, dass ihr so spitze Stacheln habt", mümmelt das Kaninchen etwas beschämt.

„Und wir haben euch etwas mitgebracht!", piepst die Maus. Die drei haben kuschelweiches Moos dabei. Über und über wickeln sich die Igel damit ein. So, dass nichts mehr stachelt – sondern kitzelt! Alle kuscheln sich im Igelhaufen zusammen und jeder erzählt noch eine Gutenachtgeschichte. Dann wird im Gleichtakt geschnarcht.

EIN TRAUMHAFTES FEUERWERK

Anna hat ein Kribbeln im Bauch. Als ob darin tausend Ameisen einen Walzer tanzen würden. Heute ist Silvester! Und zum ersten Mal darf Anna bis Mitternacht aufbleiben und dem großen Feuerwerk zuschauen. Mama, Papa und ihre große Schwester Flo haben sich viele tolle Sachen ausgedacht. Das Wohnzimmer ist mit Lichterketten, bunten Ballons und Luftschlangen geschmückt. Es gibt Popcorn, Chips und Nüsschen und Papa stellt einen ganzen Stapel Brettspiele auf den Tisch. Anna darf sich aussuchen, was sie zuerst spielen wollen.

„Wann ist denn endlich Mitternacht?" Nach der dritten Spielrunde muss Anna gähnen.

„Noch eine Stunde", sagt Mama. „Bist du so müde?"

Anna schüttelt sich. „Nee! Quatsch!"

Sie nimmt einen Schluck Saft und mampft etwas Popcorn. Aber noch immer muss sie gähnen.

„Dann ruh dich doch etwas aus", sagt Mama und winkt Anna an ihre Seite. Die lässt ihren Kopf auf Mamas Schulter sinken und …

Es zischt und etwas jault. Und noch einmal. Moment mal, wie geht das denn? Plötzlich ist Anna nicht mehr im Wohnzimmer. Sie steht draußen unter dem funkelnden Sternenhimmel. Und das Zischen und Jaulen kommt von

den Raketen. Das Feuerwerk! Rot, grün, blau, silber und
gold. Kunterbunt erstrahlt es über ihrem Kopf. Immer
wieder erscheint ein neuer Lichterzauber am Himmel. Anna
kann nur noch staunen.

„Ist das schön!"

Aber Moment mal! Wo sind denn Mama, Papa und Flo?
Und hat Mama nicht gesagt, dass sich um Mitternacht
alle Nachbarn auf der Straße treffen und zum neuen Jahr
gratulieren? Anna kann nicht lange darüber grübeln. Dafür
ist das Feuerwerk viel zu schön. Aber irgendwie macht
der Lichterzauber auch müde. Ihre Augen werden schwer
und …

Als Anna sie wieder öffnet, ist sie im Wohnzimmer. Ihr Kopf in Mamas Schoß.

„War das ein tolles Feuerwerk", murmelt sie müde.

Mama streicht ihr über dem Kopf und lacht. „In deinem Traum, ja? Hast du ein Glück. Das echte ist nämlich ausgefallen. Draußen war ein Unwetter. Es hat gestürmt und geregnet. Alles ist pitschnass geworden!"

„Wir hätten wohl alle schon mal schlafen sollen", meint Papa.

„Nicht traurig sein", sagt Anna.

Und dann erzählt sie ihrer Familie von dem kunterbunten Feuerwerk aus ihrem Traum. So ist es ein bisschen so, als wären alle dabei gewesen.

119

Rennmaus und Schnarchmaus

Wusel, Zack und Schnarchi sind allerbeste Rennmaus-Kumpels.

„Wer als Erster da vorne am Bach ist!", piepst Wusel und düst auch schon los. Zack eilt hinterher – nur Schnarchi braucht mal wieder ewig.

„Erster!", ruft Wusel.

„Zweiter!", ruft Zack.

Und Schnarchi – der gähnt. So breit, dass eine ganze Haselnuss auf einmal in seinen Mund passen würde. „Maus-oh-Maus ist das anstrengend!", seufzt er und zwinkert müde.

„Du bist keine Rennmaus, du bist 'ne Scharchmaus!", meckert Wusel.

„Los, wir versuchen es noch mal. Aber diesmal gibst du
dir etwas mehr Mühe!", sagt Zack. „Wer sich die meisten
Beeren holt. Auf die Pfoten, fertig – los!"
Doch als Zack und Wusel schon einen ganzen Stapel süßer
Früchte gesammelt haben, ist der müde Schnarchi noch
nicht mal an dem Busch angekommen.
„Und jetzt machen wir Weitsprung!", ruft Wusel.
Sie hopsen von einem Stein im Bach zum anderen. Hopp!
Und hopp! Und noch mal! Schnarchi aber – der macht
platsch. Mitten im Sprung ist er eingenickt und kopfüber im
kalten Wasser gelandet!
Zack und Wusel schütteln ihre Köpfe. „Das macht über-
haupt keinen Spaß mit dir!"
„Brrrrr!" Schnarchi schüttelt sich das nasse Fell. Zumindest
ist er jetzt wach! „Das liegt nicht an mir, das liegt an den
Spielen! Können wir nicht mal was anderes machen?"
Die wilden Rennmausjungs schauen ihren Freund fragend
an.
Der winkt die beiden hinter sich her. Sie lassen sich auf
die grüne Wiese fallen und schauen in den Himmel. Weiße
Wolken ziehen durch das leuchtende Blau.
„Wer die tollsten Sachen sieht!", ruft Schnarchi – und legt
auch schon los:
„Guck mal! Ein Bär! Und da drüben – eine Wolkenente!"
„Eine Blume!", ruft Wusel.
„Da! Eine Riesenrennmaus! Eindeutig!", staunt Zack.
„Wahnsinn, was da oben alles fliegt", grinst Wusel.

Das nächste Spiel heißt: „Sich von der Sonne die Nase
kitzeln lassen, bis man niest."
„Hatschi!", macht Schnarchi als Allererster.
Und danach ist Wetträumen an der Reihe – nach einem
Nickerchen soll jeder erzählen, was er im Schlaf erlebt hat.
„Und, was habt ihr geträumt?", fragt Schnarchi.

Aber Wusel und Zack schlummern tief und fest – mit einem Lächeln auf der Schnauze.

„Gar nicht übel, wenn man's mal gemütlich angehen lässt", schmunzelt Schnarchi und legt sich auch noch mal aufs Rennmausohr.

Der Mops im Mond

Es ist eine sternenklare Nacht und auch der Mond hängt rund und leuchtend am Himmel. Papa holt das Fernrohr aus dem Schrank und stellt es ans Fenster. Jan darf zuerst durchschauen.

„Der Mond sieht ja aus wie runzliger Löcherkäse!", kichert er. „Und sag mal, was ist denn das da für ein schwarzer Punkt?"

„Ein Punkt? Lass mich mal schauen!" Papa schiebt sich vor das Fernrohr und guckt durch die Linse. „Ja, Wahnsinn! Da ist er ja! Ich hab schon so viel von ihm gehört."

„Wer denn?", fragt Jan.

„Na, der Mops im Mond!", sagt Papa.

„Quatsch", erwidert Jan. „Den gibt's doch gar nicht. Wenn, dann ist das ja wohl der Mann im Mond!"

„Woher willst du das wissen? Du hast doch weder den einen noch den anderen schon mal gesehen!", erwidert sein Papa. „Los, ab ins Bett. Dann erzähl ich dir die Geschichte vom Mops im Mond. Und die geht so:"

Der Mops im Mond lebte, wie sein Name schon sagt, hoch oben auf dem Mond. Was war das ein Leben für einen kleinen Mops! Er stöberte mit der Schnauze in jedem einzelnen Krater herum und prustete in den Mondstaub, bis er niesen musste. Er raste dort oben umher – schließlich war da absolut nichts, was ihm den Weg versperrte. Er gab die lautesten und schönsten Jaulekonzerte – denn da war niemand, der sich über den Lärm beschweren konnte. In der Nacht rollte er sich in seinem Lieblingskrater zum Schlafen zusammen. Bis er am Morgen wieder damit anfing, von Krater zu Krater zu hüpfen. Den ganzen Mond allerdings erkundete er lieber nicht. Denn die Rückseite war dunkel. Stockdunkel. Und so dauerte es gar nicht sehr lange, bis der Mops auf seiner Seite des Mondes jedes einzelne Staubkorn kannte und er es gar nicht mehr so lustig dort oben fand. Wenn da wenigstens ein wenig Farbe gewesen wäre. Etwas

Grün. Ein klitzekleines, duftendes Blümchen! Kurzum, dem Mops war langweilig. Mondkrater-staubgrau-langweilig. Deshalb nahm der Mops im Mond jetzt seinen ganzen Mut zusammen. Er machte sich auf den Weg – auf die dunkle Seite des Mondes. Weiter, immer weiter lief er, obwohl seine Knie ein bisschen schlotterten. Bis er dort ankam, wo er noch nie gewesen war. Da merkte er, dass es hier gar nicht so dunkel war, wie er gedacht hatte. Und noch etwas bemerkte er. Oben auf einem der größten Krater saß – ein Mops! Eine Mops-Mädchen genauer gesagt. Es war so hübsch, dass der Mops blinzeln musste.

„Darf ich dir meine Seite des Mondes zeigen?", fragte der Mops.

„Aber klar!", sagte das Mops-Mädchen.

Da sprangen die beiden gemeinsam von Krater zu Krater und prusteten in den Mondstaub, bis sie niesen mussten.

„Jetzt machen wir ein Nickerchen – und morgen schauen wir mal, wie gut man auf den anderen Planeten herum-hüpfen kann!", schlug der Mops vor und kroch mit seiner Freundin in einen Krater.

„So, und für dich ist es auch Zeit für ein Nickerchen!", sagt Jans Papa.

Als Jan schläft, nimmt sein Vater einen Lappen und wischt über einen kleinen Fleck auf der Fernrohrlinse. „Für die einen ist es nur ein Fliegendreck – für die anderen der Mops im Mond", grinst er.

Wie Tiere schlafen

„Heute gibt's keine Geschichte", sagt Mama. „Es ist schon so spät!" Sie gibt Felix einen Kuss, deckt ihn zu und geht aus dem Zimmer.
„So kann ich nicht schlafen! Mir ist viel zu warm!", ruft Felix, ehe sie ganz draußen ist.

Also macht Mama das Fenster auf. Der Vorhang flattert sacht im Wind.

„Besser?", fragt sie und streichelt Felix über die Stirn.

Der schüttelt den Kopf. „Die Decke. Die ist doch total durcheinander!"

Mama schüttelt sie, bis es nur so staubt.

„Hatschi", sagt Mama. „Besser so, oder?" Sie knipst das Licht aus und will endgültig aus dem Zimmer gehen. Aber Felix verschränkt die Arme. „Das Dunkel ist viel zu dunkel!", murrt er. Also macht Mama mit einem Seufzen die Schublade auf, um das kleine Nachtlicht … Plötzlich hält sie inne. „Weißt du eigentlich, wie Hühner schlafen?", fragt sie.

Felix schüttelt den Kopf.

„Sobald die Sonne untergeht, sitzen die alle nebeneinander hoch oben auf einer Stange. Damit keiner sie nachts stört!", erklärt Mama. „Und beim allerersten Sonnenlicht sind sie alle wieder wach."

Felix gähnt: „Ich mag nicht so früh ins Bett – und schlaf auch lieber länger!"

Mama lacht und erzählt weiter:

„Und Pferde – weißt du was, die können sogar im Stehen schlafen!"

„Ehrlich? Das ist doch total unbequem." Felix reibt sich die Augen.

„Nicht für die Pferde. So können sie ganz schnell flüchten, wenn ein Feind sie ärgern will", sagt Mama.

„Total verrückt!", findet Felix.

„Und Flusspferde", erzählt Mama weiter. „Die schlafen sogar unter Wasser! Ganz unten am Boden!"

„Ach ja?" Felix' Augen sind schon fast zugefallen. Trotzdem bettelt er: „Noch 'ne Tiergeschichte bitte."

„Fledermäuse haben auch ganz besondere Schlafgewohnheiten", gibt Mama nach. „Die schlafen in riesigen Gruppen, manchmal über tausend Stück – und das auch noch kopfüber!"

„Dann ist doch alles verkehrt herum?", murmelt Felix. Jetzt sind seine Augen endgültig zu.

Mama lächelt, zupft ihm die Decke zurecht und knipst das Licht wieder aus. „Eine Schnecke", sagt sie. „Die hat es ohne Ende praktisch. Die hat ihr Bett ja immer dabei! Und der Flamingo, der pennt auf einem Bein – ohne dabei umzufallen! Ein Delfin dagegen, der schläft nie so richtig. Ein bisschen ist er immer wach …"

Während sie leise weiterredet, versucht sie sich auf Zehenspitzen aus dem Zimmer zu schleichen. Doch kaum ist sie an der Tür, hört sie Felix' Decke rascheln.

„Mama?", fragt er. „Weißt du eigentlich auch, wie Schweine schlafen?"

Mama seufzt. „Das erzähle ich morgen, einverstanden?"

„Musst du nicht!", erwidert Felix und kichert. „Weil ich das doch selber weiß!"

Er richtet sich in seinem Bett auf: „Schweine schlafen am liebsten alle zusammen. Ganz eng aneinandergekuschelt.

Die liegen dann kreuz und quer und übereinander. Groß und Klein und Jung und Alt zusammen."

„Und das ist bequem?", fragt Mama.

„Superbequem! Warm und weich und …" Felix grinst: „Wenn du mir nicht glaubst, müssen wir das eben mal ausprobieren!" Er rückt ein Stück zur Wand und klappt seine Decke einladend hoch.

Mama lacht. „Ich bin doch kein Schwein!" Trotzdem kuschelt sie sich zu Felix ins Bett.

Und nur Sekunden später sind beide ganz fest eingeschlafen.

VITA

© privat

Seit sie alle Buchstaben gelernt hat, versteckt sich Judith Allert sehr gerne und ausdauernd zwischen zwei Buchdeckeln. Während sie in Bayreuth Neuere Deutsche Literaturwissenschaft studierte, veröffentlichte sie ihre ersten Kinderbücher. 2009 schloss sie ihr Studium mit ihrer Magisterarbeit über Phantastische Kinder- und Jugendliteratur ab, seitdem ist sie als freie Autorin tätig.
Heute lebt Judith Allert mit ihrem Mann, Hunden, Katzen, Pferden, Hühnern und Wollschweinen auf einem alten Bauernhof in der oberfränkischen Pampa, wo sie sich beim Unkrautzupfen neue Geschichten ausdenken kann.

VITA

© Mareike Siepmann

Catharina Westphal, 1971 in den Niederlanden geboren, in Deutschland aufgewachsen, studierte an der Fachhochschule Münster Grafik-Design mit dem Schwerpunkt Illustration.
Seit 1998 ist sie freiberuflich als Illustratorin für verschiedene Verlage tätig und hat sehr erfolgreich zahlreiche Bilder- und Kinderbücher veröffentlicht. Sie lebt mit ihrer Familie in Münster.

Ravensburger Bücher

Die schönsten Geschichten aus 25 Jahren

Manfred Mai

1-2-3 Minutengeschichten:
Mein großer Vorleseschatz

Hier wird garantiert jeder Geschichtensucher fündig! Ob zum Kuscheln & Träumen, Kichern & Schmunzeln, Nachdenken & Staunen oder Trösten & Mutmachen – in diesem Buch findet sich für jede Gelegenheit die passende Geschichte. Ein bunter Vorleseschatz mit den schönsten Minuten-Geschichten von Manfred Mai: mal lustig und mal ernst, mal realistisch und mal märchenhaft.

ISBN 978-3-473-36598-2

www.ravensburger.de

Ravensburger

Alte Hacke – Walle Wacke!
Jetzt kommt BILLY BACKE!

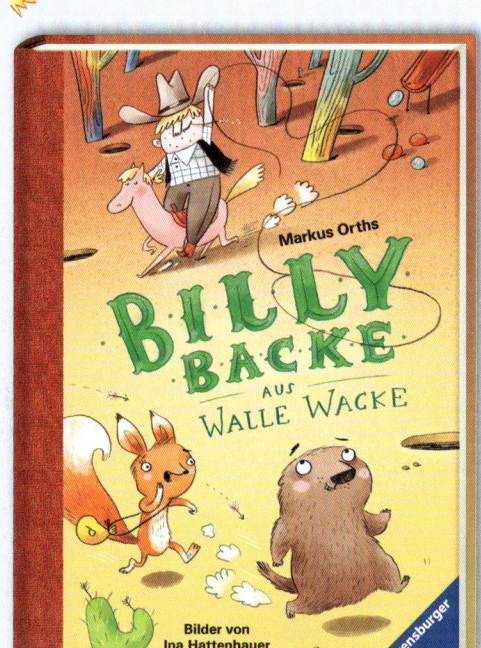

Das schlauste Murmeltier der Welt!

Markus Orths

Billy Backe aus Walle Wacke

Freunde, Mitbürger, Murmeltiere, aufgepasst! Hier kommt Billy Backe aus Walle Wacke. Das schlaue Murmeltier hat viele Freunde, die es alle pfotendick hinter den Ohren haben: Polly Posthörnchen, Billy the Kid auf seinem Zwergpferd Rosa und den geheimnisvollen Schrönk. Gemeinsam schlittern sie von einem Abenteuer ins nächste: Mit knapper Not entkommt Billy Backe den Klapperkrokodilen. Und als auch noch Murmeltier Mucki Bude von den Wackelriesen entführt wird, brechen die Freunde auf zu einer waghalsigen Rettungsaktion.

ISBN 978-3-473-**36895**-2

www.ravensburger.de